经典晨读

主 编 ◎ 李春勤　赵振铎　李　鹏

北京理工大学出版社
BEIJING INSTITUTE OF TECHNOLOGY PRESS

版权专有　侵权必究

图书在版编目（CIP）数据

经典晨读 / 李春勤, 赵振铎, 李鹏主编. -- 北京：北京理工大学出版社, 2024.1
　　ISBN 978-7-5763-3578-1

Ⅰ. ①经… Ⅱ. ①李… ②赵… ③李… Ⅲ. ①阅读课—中等专业学校—教学参考资料 Ⅳ. ①G634.333

中国国家版本馆CIP数据核字(2024)第045651号

责任编辑： 李慧智　　**文案编辑：** 李慧智
责任校对： 周瑞红　　**责任印制：** 施胜娟

出版发行 / 北京理工大学出版社有限责任公司
社　　址 / 北京市丰台区四合庄路6号
邮　　编 / 100070
电　　话 /（010）68914026（教材售后服务热线）
　　　　　（010）68944437（课件资源服务热线）
网　　址 / http://www.bitpress.com.cn

版 印 次 / 2024年1月第1版第1次印刷
印　　刷 / 定州市新华印刷有限公司
开　　本 / 889 mm × 1194 mm　1/16
印　　张 / 10.5
字　　数 / 200 千字
定　　价 / 40.00元

图书出现印装质量问题，请拨打售后服务热线，负责调换

编委会

主　　编　李春勤　赵振铎　李　鹏
副主编　　相文松　汤志琼　岳　帅　李　瑶　齐　悦　金　琳
参　　编　牛　伟　张　倩　孙善帅　毛　峰　苑忠国　厉　娜　于善华　王惠洋
　　　　　董振振　李　涛　牟　林　刘兆龙　李　波　李申学　王承才　张　言
　　　　　赵文龙　许传芳　李申云　张玉娟　赵庆彬　丁红丽　马亚男　袁　江
　　　　　穆乃金　吕　蕾　刘加华　丁　伟　苑东伦　孙万胜　孙树军　李莲鹏
　　　　　金　铭　张亚年　王文昊　王春芬　张蕴华　严　然　时　帆　秦　丽
　　　　　张作东　张力元　赵东方　姚福龙　刘校林　赵忠梅　徐　盛　郝莉莉
　　　　　董世华　汪雅文　费军峰　刘　磊　李中钦　赵纪峰　沙　伟　陈修正
　　　　　司文慧　张敬博　郭春辉　管玉强　王明辉　王　磊　邹　雪　王礼鑫
　　　　　刘　萌　王　芮　于格格　李　梅

前言 Preface

  中华文化源远流长、灿烂辉煌。在五千多年文明发展中孕育的中华优秀传统文化，积淀着中华民族最深沉的精神追求，代表着中华民族独特的精神标识，是中华民族生生不息、发展壮大的丰厚滋养，是中国特色社会主义植根的文化沃土，是当代中国发展的突出优势，对于传承中华文脉、全面提升人民群众文化素养、维护国家文化安全、增强国家文化软实力、推进国家治理体系和治理能力现代化，具有重要意义。

  2022年10月，习近平总书记在党的二十大报告中指出，要"传承中华优秀传统文化"。传承中华优秀传统文化，要深入贯彻习近平新时代中国特色社会主义思想，紧紧围绕实现中华民族伟大复兴的中国梦，深入贯彻新发展理念，坚持以人民为中心的工作导向，坚持以社会主义核心价值观为引领，坚持创造性转化、创新性发展，坚守中华文化立场、传承中华文化基因，不忘本来、吸收外来、面向未来，汲取中国智慧、弘扬中国精神、传播中国价值，不断增强中华优秀传统文化的生命力和影响力，创造中华文化新辉煌。

一日之计在于晨。早晨的记忆力是一天里最好的时段，所以晨读能事半功倍，这是有科学依据的。因为早上起来神清气爽，经过一夜的休息，已疲倦的大脑得到恢复，记东西特别快。晨读有利于记忆材料，经常地大量诵读，可以帮助学生打开大脑表层到深层的记忆回路，记忆品质因而得到改善。深层记忆回路是和右脑联系在一起的，这个回路一旦打开就和右脑的记忆回路连接起来，生成一种优质记忆，甚至可以做到过目不忘。每天早上晨读，并且习惯成自然，时时读、处处读，将会让人受益终身。

中华传统文化影响和教育了一代又一代中华儿女，直到今日其魅力仍经久不衰。本书从历代适合于诵读的文学作品中精选而来，旨在通过诵读，让学生体味到中华经典独有的韵味美和意境美，陶冶学生美好的情感，提高学生的文学素养。营造经典诗文诵读的氛围，可以把学生的视野引向经典诗文的美丽田野，让学生们精神生命的根须深深扎在民族文化的沃土里。

目录 Contents

先秦篇 1
    诗经·周南·桃夭 3
    诗经·秦风·蒹葭 5
    论语·学而篇 8
    劝学 13
    道德经（节选） 17

汉魏篇 23
    行行重行行 25
    青青河畔草 29
    涉江采芙蓉 33
    迢迢牵牛星 36
    观沧海 39
    龟虽寿 43
    七步诗 47

唐代篇 49
    回乡偶书二首·其一 51
    将进酒 54
    宣州谢朓楼饯别校书叔云 58
    春望 61
    山居秋暝 64
    赋得古原草送别 66

酬乐天扬州初逢席上见赠	68
游子吟	72
乐游原	75
清明	78

宋代篇 ... 81

水调歌头	83
念奴娇·赤壁怀古	89
江城子·密州出猎	92
青玉案·元夕	95
丑奴儿·书博山道中壁	98
破阵子·为陈同甫赋壮词以寄之	100
如梦令	103
鹊桥仙	105
雨霖铃	107
满江红	110

明清篇 ... 115

教条示龙场诸生（节选）	117
笠翁对韵（节选）	120
人间词话——人生三境界	134
少年中国说（压缩版）	138

现代篇 ... 141

你是人间的四月天	143
时间即生命	146
我爱这土地	148
断章	151
月朦胧，鸟朦胧，帘卷海棠红	153
乡愁	156
走向远方	158

先秦文学主要指春秋战国时期的文学。春秋战国时期是中国古代历史上的一个重要阶段，大约从公元前770年到公元前221年。这个时期是中国政治、经济、文化发展的高峰之一，也是中国文学史上一个重要的时期。在春秋战国时期，各个诸侯国相互争霸，形成了百家争鸣的局面。这种多样性和竞争激发了人们的思想创新和文学创作，使春秋战国文学呈现出独特的风貌。

例如，《左传》以史书形式记载了当时诸侯国之间的政治斗争；《楚辞》则以楚地的骚体辞章形式表达了楚国人民对故土乡情的歌颂；而《庄子》则以哲学思辨为主，探讨人生和宇宙的本质；《老子》提出了道家哲学的核心思想；《孟子》提出了仁政思想，主张君主应以仁义来治理国家；《荀子》则强调人性的恶，主张以法治国；《墨子》则提倡兼爱和非攻等；《孙子兵法》则是军事理论方面的重要著作，对后世影响深远；《诗经》是中国最早的一部诗歌总集，收录了春秋时期各个地区和不同阶层人民的诗歌，反映了当时社会生活的方方面面。

接下来让我们一起欣赏先秦经典的魅力吧！

诗经·周南[①]·桃夭

诗经周南桃夭

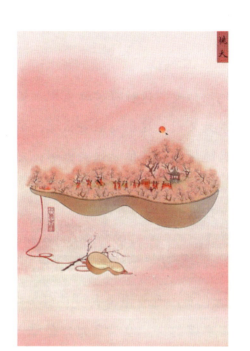

桃之夭夭[②],灼灼其华[③]。
之子于归[④],宜其室家[⑤]。

桃之夭夭,有蕡其实[⑥]。
之子于归,宜其家室。

桃之夭夭,其叶蓁蓁[⑦]。
之子于归,宜其家人[⑧]。

注释:

①周南:《诗经》"十五国风"之一,今存十一篇。

②夭夭:花朵怒放,茂盛美丽、生机勃勃的样子。

③灼灼:花朵色彩鲜艳如火,明亮鲜艳,闪耀的样子。华:同"花",指盛开的花。

④之子:这位姑娘。指出嫁的女子。之,此,这。于归:姑娘出嫁。于,虚词,用在动词前;一说往。归,古代把丈夫家看作女子的归宿,故称"归"。

⑤宜：和顺、亲善。室家：家庭，家族。此指夫家，下文的"家室""家人"均指夫家。
⑥有蕡（fén）：即蕡蕡，草木结实很多的样子。此处指桃子果实累累的样子。
⑦蓁（zhēn）蓁：树叶繁密的样子。这里形容桃叶茂盛。
⑧家人：与"家室"义同，变换字以协韵。

译文：

桃花怒放千万朵，色彩鲜艳红似火。这位姑娘要出嫁，喜气洋洋归夫家。
桃花怒放千万朵，果实累累大又甜。这位姑娘要出嫁，早生贵子后嗣旺。
桃花怒放千万朵，绿叶茂盛随风展。这位姑娘要出嫁，夫家康乐又平安。

作品赏析

　　《周南·桃夭》是中国古代第一部诗歌总集《诗经》中的一首诗。现代学者一般认为这是一首祝贺年轻姑娘出嫁的诗。全诗三章，每章四句，通篇以桃花起兴，以桃花喻美人，为新娘唱了一首赞歌。全诗语言精练优美，不仅巧妙地将"室家"变化为各种倒文和同义词，而且反复用一"宜"字，揭示了新娘与家人和睦相处的美好品德，也写出了她的美好品德给新组建的家庭注入新鲜的血液，带来和谐欢乐的气氛。

诗经·秦风①·蒹葭

诗经秦风蒹葭

蒹葭苍苍②,白露为霜。
所谓伊人③,在水一方④。
溯洄从之⑤,道阻且长。
溯游⑥从之,宛⑦在水中央。

蒹葭萋萋⑧,白露未晞⑨。
所谓伊人,在水之湄⑩。
溯洄从之,道阻且跻⑪。
溯游从之,宛在水中坻⑫。

蒹葭采采⑬,白露未已⑭。
所谓伊人,在水之涘⑮。
溯洄从之,道阻且右⑯。
溯游从之,宛在水中沚⑰。

注释:

①秦风:《诗经》"十五国风"之一,今存十篇。
②蒹(jiān)葭(jiā):芦苇。蒹,没长穗的芦苇。葭,初生的芦苇。苍苍:青苍,老青色。
③伊人:那个人,指所思慕的对象。

④一方：另一边。

⑤溯洄（huí）：逆流而上。洄，弯曲的水道。从：追寻。

⑥溯游：顺流而下。游，一说指直流的水道。

⑦宛：宛然，好像。

⑧萋萋：茂盛的样子。一作"凄凄"。

⑨晞（xī）：干，晒干。

⑩湄（méi）：水泮，水和草交接的地方，也就是岸边。

⑪跻（jī）：登，升高。

⑫坻（chí）：水中的小高地。

⑬采采：茂盛鲜明的样子。

⑭已：止，干。

⑮涘（sì）：水涯，水边。

⑯右：弯曲，迂回，形容道路曲折迂回。

⑰沚（zhǐ）：水中的小块陆地。

译文：

河边芦苇青苍苍，秋深露水结成霜。意中人儿在何处？就在河水那一方。逆着流水去找她，道路险阻又太长。顺着流水去找她，仿佛在那水中央。

河边芦苇密又繁，清晨露水未曾干。意中人儿在何处？就在河岸那一边。逆着流水去找她，道路险阻攀登难。顺着流水去找她，仿佛就在水中滩。

河边芦苇密稠稠，早晨露水未全收。意中人儿在何处？就在水边那一头。逆着流水去找她，道路险阻曲难求。顺着流水去找她，仿佛就在水中洲。

作品赏析

　　《秦风·蒹葭》是中国古代第一部诗歌总集《诗经》中的一首诗。此诗曾被认为是用来讥刺秦襄公不能用周礼来巩固他的国家，或惋惜招引隐居的贤士而不可得的。现代学者一般认为这是一首情歌，写追求所爱而不及的惆怅与苦闷，营造了一种秋水伊人的美妙境界。全诗三章，重章叠唱，后两章只是对首章文字略加改动而成，形成各章内部韵律协和，而各章之间韵律参差的效果，也造成了语义的往复推进。

诗以水、芦苇、霜、露等意象营造了一种朦胧、清新又神秘的意境。早晨的薄雾笼罩着一切，晶莹的露珠已凝成冰霜。一位羞涩的少女缓缓而行。诗中水的意象正代表了女性，体现出女性的美，而薄薄的雾就像是少女蒙上的纱。她一会儿出现在水边，一会儿又出现在水之洲。主人公寻找不到、急切而又无奈的心情正如蚂蚁爬一般痒，又如刀绞一般痛。就像我们常说的"距离产生美感"，这种美感因距离变得朦胧，不清晰。主人公和伊人的身份、面目、空间位置都是模糊的，给人以雾里看花、若隐若现、朦胧缥缈之感。

蒹葭、白露、伊人、秋水，越发显得难以捉摸，构成了一幅朦胧淡雅的水彩画。诗的每章开头都采用了赋中见兴的笔法，通过对眼前真景的描写与赞叹，展现出一种空灵缥缈的意境，笼罩全篇。

诗人抓住秋色独有的特征，不惜用浓墨重彩反复进行描绘、渲染深秋空寂悲凉的氛围，以抒写诗人怅然若失而又热烈企慕的心境。诗每章的头两句都是以秋景起兴，引出正文。它既点明了季节与时间，又渲染了蒹苍露白的凄清气氛，烘托了人物怅惘的心情，达到了寓情于景、情景交融的艺术境地。"蒹葭""水"和"伊人"的形象交相辉映，浑然一体，用作起兴的事物与所要描绘的对象形成一个完整的艺术世界。开头写秋天水边芦苇丛生的景象，这正是"托象以明义"，具有"起情"的作用。因为芦苇丛生，又在天光水色的映照之下，必然会呈现出一种迷茫的境界，这就从一个侧面显示了诗的主人公心中的那个"朦胧的爱"的境界。

王夫之《姜斋诗话》说："关情者景，自与情相为珀芥也。情景虽有在心在物之分，而景生情，情生景，哀乐之触，荣悴之迎，互藏其宅。"《蒹葭》这首诗就是把暮秋特有景色与人物委婉惆怅的相思感情浇铸在一起，从而渲染了全诗的气氛，创造了一个扑朔迷离、情景交融的意境，正是"一切景语皆情语"的体现。总之，《蒹葭》诗的丰富美感，不论是从欣赏的角度，还是从创作的角度，颇值得我们重视并予以认真探讨。

论语（学而篇）

论语·学而篇

子①曰："学而时习②之，不亦说③乎？有朋自远方来，不亦乐④乎？人不知而不愠⑤，不亦君子⑥乎？"

有子⑦曰："其为人也孝弟⑧，而好犯上者，鲜⑨矣；不好犯上而好作乱者，未之有也⑩。君子务本，本立而道生。孝弟也者，其为仁之本与⑪！"

子曰："巧言令色⑫，鲜⑬矣仁！"

曾子⑭曰："吾日三省⑮吾身：为人谋而不忠乎？与朋友交而不信乎？传⑯不习乎？"

子曰："道⑰千乘之国⑱，敬事⑲而信，节用而爱人，使民以时。"

子曰："弟子入则孝，出则弟⑳，谨而信，泛爱众，而亲仁，行有余力，则以学文。"

子夏曰："贤贤易色㉑；事父母，能竭其力；事君，能致其身；与朋友交，言而有信。虽曰未学，吾必谓之学矣。"

子曰："君子不重则不威，学则不固。主忠信，无友不如己者㉒，过，则勿惮改。"

曾子曰："慎终追远㉓，民德归厚矣。"

子禽问于子贡曰："夫子至于是邦也，必闻其政，求之与，抑与之与㉔？"

子贡曰："夫子温、良、恭、俭、让以得之。夫子之求之也，其诸异乎人之求之与！"

子曰："不患人之不己知，患不知人也。"

子曰："父在，观其志；父没，观其行；三年无改于父之道，可谓孝矣。"

有子曰："礼之用，和为贵。先王之道，斯为美。小大由之，有所不行。知和而和，不以礼节之，亦不可行也。"

有子曰："信近于义，言可复㉕也。恭近于礼，远耻辱也。因不失其亲，亦可宗也。"

子曰："君子食无求饱，居无求安，敏于事而慎于言，就有道而正㉖焉，可谓好学也已。"

子贡曰："贫而无谄，富而无骄，何如？"

子曰："可也。未若贫而乐，富而好礼者也。"

子贡曰："《诗》云：'如切如磋，如琢如磨'㉗，其斯之谓与？"

子曰："赐也，始可与言《诗》已矣，告诸往而知来者。"

注释：

①子：中国古代对有学问、有地位的男子的尊称。《论语》中"子曰"的"子"都是指孔子。

②习："习"字的本意是鸟儿练习飞翔，在这里是温习和练习的意思。

③说（yuè）：通"悦"，高兴、愉快的意思。

④乐（lè）：快乐。

⑤愠（yùn）：怒，怨恨，不满。

⑥君子：《论语》中的"君子"指道德修养高的人，即"有德者"；有时又指"有位者"，即职位高的人。这里指"有德者"。

⑦有子：孔子的学生，姓有，名若。在《论语》中，孔子的学生一般都称字，只有曾参和有若称"子"。

⑧弟（tì）：通"悌"，敬爱兄长。

⑨鲜（xiǎn）：少。

⑩未之有也："未有之也"的倒装句，意思是没有这种人。

⑪与：即"欤"字，表示疑问的助词。《论语》中的"欤"字皆作"与"。

⑫巧言令色：巧，好。令，巧言令色，即满口说着讨人喜欢的话，满脸装出讨人喜欢的脸色。

⑬鲜：少的意思。

⑭曾子：孔子晚年的学生，名参（shēn），字子舆，比孔子小四十六岁。生于公元前505年，鲁国人，是被鲁国灭亡了的郜国贵族的后代。曾参是孔子的得意门生，以孝著称，据说《孝经》就是他撰写的。

⑮三省（xǐng）：多次反省。

⑯ 传：老师讲授的功课。

⑰ 道：通"导"，引导之意。此处译为治理。

⑱ 千乘（shèng）之国：乘，古代用四匹马拉的兵车。春秋时期，打仗用兵车，故车辆数目的多少往往标志着这个国家的强弱。千乘之国，即代指大国。

⑲ 敬事："敬"是指对待所从事的事务要谨慎专一、兢兢业业，即今人所说的敬业。

⑳ 出：与"入"相对而言，指外出拜师学习。出则弟，是说要用悌道对待师长，也可泛指年长于自己的人。

㉑ "贤贤"句：第一个"贤"字做动词用，尊重的意思。贤贤即尊重贤者。易：有两种解释，一是改变的意思；二是轻视的意思，即尊重贤者而看轻女色。

㉒ "无友"句：无，通"毋"，不要的意思。不如己者，指不忠不信的人，"不如己者"是比较委婉的说法。

㉓ "慎终"句：慎终，指对父母之丧要尽其哀。追远，指祭祀祖先要致其敬。

㉔ 抑与之：抑，反语词，可作"还是……"解。与之，（别人）自愿给他。

㉕ 复：实践，履行。

㉖ 有道：指有道德、有学问的人。正：匡正，端正。

㉗ 如切如磋，如琢如磨：出自《诗经·卫风·淇奥》篇。意思是：好比加工象牙，切了还得磋，使其更加光滑；好比加工玉石，琢了还要磨，使其更加细腻。

译文：

孔子说："学到的东西按时去温习和练习，不也很高兴吗？有朋友从很远的地方来，不也很快乐吗？别人不了解自己，自己却不生气，不也是一位有修养的君子吗？"

有子说："那种孝敬父母、敬爱兄长的人，却喜欢触犯上级，是很少见的；不喜欢触犯上级却喜欢造反的人，更是从来没有的。有德行的人总是力求抓住这个根本。根本建立了便产生了仁道。孝敬父母、敬爱兄长，大概便是仁道的根本吧！"

孔子说："花言巧语，伪装出一副和善的面孔，这种人很少是仁德的。"

曾参说："我每天从多方面反省自己：替别人办事是不是尽心竭力了呢？与朋友交往是不是诚实守信了呢？对老师传授的功课，是不是用心复习了呢？"

孔子说："治理拥有一千辆兵车的国家，应该恭敬谨慎地对待政事，并且讲究信用；节省费用，并且爱护人民；征用民力要尊重农时，不要耽误耕种、收获的时间。"

孔子说："小孩子在父母跟前要孝顺，出外要敬爱师长，说话要谨慎，言而有信，和所有人都友爱相处，亲近那些具有仁爱之心的人。做到这些以后，如果还有剩余的精力，就用来学习文化知识。"

子夏说："能够尊重贤者而看轻女色；侍奉父母，能够竭尽全力；服侍君主，能够献出自己的生命；同朋友交往，说话诚实、恪守信用。这样的人，即使他自己说没有学过什么，我也一定要说他已经学习过了。"

孔子说："一个君子，如果不庄重，就没有威严，即使读书，所学也不会牢固。行事应当以忠和信这两种道德为主。不要和不忠不信的人交朋友。有了过错，要不怕改正。"

曾子说："谨慎地对待父母的丧事，恭敬地祭祀远代祖先，就能使民心归向淳厚了。"

子禽问子贡说："夫子每到一个国家，一定听得到这个国家的政事。那是求人家告诉他的呢，还是人家主动说给他听的呢？"

子贡说："夫子是靠温和、善良、恭敬、节俭和谦让得来的。夫子的那种求得的方式，大概是不同于别人的吧！"

孔子说："不要担心别人不了解自己，应该担心的是自己不了解别人。"

孔子说："当他父亲活着时，要看他本人的志向；他父亲去世以后，就要考察他本人的具体行为了。如果他长期坚持父亲生前那些正确原则，就可以说是尽孝了。"

有子说："礼的功用，以遇事做得恰当和顺为可贵。以前的圣明君主治理国家，最可贵的地方就在这里。他们做事，无论事大事小，都按这个原则去做。如遇到行不通的，仍一味地追求和顺，却并不用礼法去节制它，也是行不通的。"

有子说："约言符合道德规范，这种约言才可兑现。态度谦恭符合礼节规矩，才不会遭受羞辱。所依靠的都是关系亲密的人，也就可靠了（最后一句另解为：学习古文化而不排斥创新，这样古文化就可以继承）。"

孔子说："君子食不追求饱足；居住不追求安逸；对工作勤奋敏捷，说话却谨慎；接近有道德有学问的人并向他学习，纠正自己的缺点，就可以称得上是好学了。"

子贡说："贫穷却不巴结奉承，富贵却不骄傲自大，怎么样？"

孔子说："可以了，但还是不如虽贫穷却乐于道，虽富贵却谦虚好礼。"

子贡说："《诗经》上说：要像骨、角、象牙、玉石等的加工一样，先开料，再粗锉，细刻，然后再磨光，就是这样的意思吧？"

孔子说："赐呀，现在可以同你讨论《诗经》了。告诉你以往的事，你能因此而知道未来的事。"

作品赏析

　　《论语》的内容非常丰富，涉及社会与人生的各个方面，有人誉之为"东方的圣经"，并不为过。《论语》的核心内容是"仁"。它既是孔子理想中最高的政治原则，又是最高的道德准则。"仁"的根本含义则是"仁者爱人"。

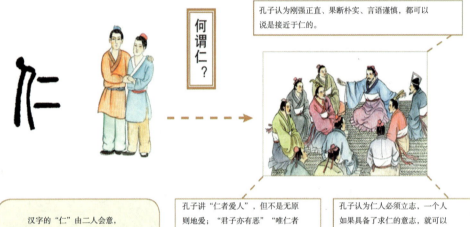

汉字的"仁"由二人会意，讲的就是如何最恰如其分地处理好人与人之间的关系。

孔子讲"仁者爱人"，但不是无原则地爱；"君子亦有恶""唯仁者能好人，能恶人"。并强调人的感情容易冲动，需要有所抑制，掌握分寸，就是"中庸"之道。

孔子认为刚强正直、果断朴实、言语谨慎，都可以说是接近于仁的。

孔子认为仁人必须立志，一个人如果具备了求仁的意志，就可以求仁而达仁。体现"仁"的外在形式是"礼"。他说"克己复礼为仁"。

　　"忠恕"是由"仁"派生出来的，忠恕之道的基本要求是以诚待人，推己及人。具体内容是"己欲立而立人，己欲达而达人""己所不欲，勿施于人"。由此中国人形成了"四海之内皆兄弟"的宽广情怀。"仁"推广到政治就是"仁政"。孔子认为治理好国家，君主一定要重视人品、道德，要讲究信用，爱护民众，这是治国的基本原则。子曰："道千乘之国，敬事而信，节用而爱人，使民以时。"

　　《论语》中，讲到"仁"一百零九次，讲到"礼"七十五次。孔子认为有了"仁"的本质还要通过"礼"的实践而达到全社会的遵守。

劝 学

荀子

劝学

君子①曰：学不可以已②。

青，取之于蓝③，而青于蓝；冰，水为之，而寒于水。木直中绳④。輮⑤以为轮，其曲中规。虽有槁暴⑥，不复挺⑦者，輮使之然也。故木受绳⑧则直，金就砺⑨则利，君子博学而日参省乎己⑩，则知明而行无过矣。吾尝终日而思矣，不如须臾⑪之所学也；吾尝跂⑫而望矣，不如登高之博见也。登高而招，臂非加长也，而见者远；顺风而呼，声非加疾⑬也，而闻者彰。假⑭舆马者，非利足⑮也，而致千里；假舟楫者，非能水⑯也，而绝⑰江河。君子生非异⑱也，善假于物也。积土成山，风雨兴焉；积水成渊，蛟龙生焉；积善成德，而神明自得，圣心备焉⑲。故不积跬⑳步，无以㉑至千里；不积小流，无以成江海。骐骥一跃，不能十步；驽马十驾㉒，功在不舍。锲而舍之，朽木不折；锲而不舍，金石可镂㉓。蚓无爪牙之利，筋骨之强，上食埃土，下饮黄泉，用心一也㉔。蟹六跪而二螯，非蛇鳝之穴无可寄托者，用心躁㉕也。

作者介绍：

荀子（约前313—前238年），名况，时人尊而号为"卿"，西汉时为避汉宣帝刘询讳，又称孙卿，因"荀"与"孙"二字古音相通。战国末期赵国猗氏（今山西安泽县）人，先秦儒家后期的代表人物。曾两次到当时齐国的文化中心稷下（今山东临淄）游学，担任过稷下学宫的祭酒（学宫领袖）。还到过秦国，拜见了秦昭王。后来到楚国，任兰陵（今属山东）令。荀子对儒家思想有所发展，提倡"性恶论"，其学说常被后人拿来跟孟子的"性善说"比较。荀子对重新整理儒家典籍也有相当显著的贡献，与其弟子一起撰有《荀子》一书。

注释：

①君子：这里指有才能的人。

②已：停止。

③青，取之于蓝：靛青，从蓝草中取得。青，靛青，一种染料。蓝，蓼蓝。

④中绳：（木材）合乎拉直的墨线。木工用拉直的墨线来取直。

⑤輮：通"煣"，以火烘木，使其弯曲。

⑥虽有槁暴：即使又被风吹日晒而干枯了。有，通"又"。槁，枯。暴，通"曝"，日晒。槁暴，枯干。

⑦挺：直。

⑧受绳：经墨线丈量过。

⑨就砺：拿到磨刀石上去磨。砺，磨刀石。就，动词，接近，靠近。

⑩参省乎己：对自己检查、省察。参，一译检验，检查；二译同"叁"，多次。省，省察。乎，介词，于。

⑪须臾：片刻，一会儿。

⑫跂：提起脚后跟。

⑬疾：快，速，这里引申为"洪亮"，指声音宏大。

⑭假：借助，利用。

⑮利足：脚步快。

⑯水：指游泳。名词，用作动词。

⑰绝：横渡。

⑱生非异：本性（同一般人）没有差别。生，通"性"，天赋，资质。

⑲积善成德，而神明自得，圣心备焉：积累善行而养成品德，达到很高的境界，内心的表现和智慧自然显现，圣人的思想与心态（也就）具备了。得，获得。

⑳跬：古代的半步。古代称跨出一脚为"跬"，跨两脚为"步"。

㉑无以：没有用来……的（办法）。

㉒驽马十驾：劣马拉车连走十天，（也能走得很远。）驽马，劣马。驾，马拉车一天所走的路程叫"一驾"。

㉓ 镂：原指在金属上雕刻，泛指雕刻。

㉔ 用心一也：（这是）因为用心专一（的缘故）。用，以，因为。

㉕ 躁：浮躁，不专心。

译文：

君子说：学习不可以停止。

靛青是从蓝草中提取的，但它的颜色比蓝草更青；冰是水凝成的，但它比水更冷。一块木材很直，合乎木匠拉直的墨线，假如用火烤使它弯曲做成车轮，它的弯度就可以符合圆规画的圆。即使又晒干了，也不再能再挺直，这是由于人力加工使它变成这样的。所以木材经墨线画过，用斧锯加工就直了；金属刀剑拿到磨刀石上磨过就锋利了；君子广泛地学习而且每天对自己检查反省，就能聪慧明达，行为就会没有过错。我曾整天空想，不如片刻学习的收获大；我曾踮起脚跟远望，不如登上高处能够见得广。登上高处招手，手臂并没有增长，但是人在远处也能看见；顺着风向呼喊，声音并没有增强，但是听的人却听得特别清楚。借助车马的人，并不是脚走得快，但是能达到千里之外；借助船只的人，并不是会游泳，但是能横渡长江、黄河。君子的本性同一般人没有什么差别，但是他们善于借助外物进行学习啊。积土成为山，风雨就会从那里兴起；积水成为深潭，蛟龙就会在那里生长；积累善行，养成良好的品德，于是就能达到很高的精神境界，智慧就能得到发展，圣人的思想也就具备了。

所以不积累小步，就没有借以远达千里的办法；不汇聚细流，就没有借以成为江海的办法。骏马跳跃一次，不能有十步远；劣马拉车走十天，也能走得很远，它的成功在于走个不停。雕刻一下就放掉它不刻，腐朽的木头也不能刻断；雕刻不停（的话），金石也能雕刻（成功）。蚯蚓没有锋利的爪牙，坚强的筋骨，却能上吃泥土，下饮地下水，这是用因为心思专一的缘故。螃蟹有六只脚，两只蟹钳，可是没有蛇和鳝鱼洞就没有地方可以寄托身体以生存，这是因为心思浮躁不专一的缘故。

作品赏析

《劝学》是荀子创作的一篇论说文，是《荀子》一书的首篇。这篇文章分别从学习的重要性、学习的态度以及学习的内容和方法等方面，全面而深刻地论说了有关学习的问题,较为系统地体现了荀子的教育思想。全文可分四段,第一段阐明学习的重要性,第二段说明正确的学习态度,第三段论述学习的内容和途径,第四段阐述学习的最终归宿。文章语言精练,设喻贴切,说理深入,结构严谨,代表了先秦论说文成熟阶段的水平。

道德经（节选）

老子

道德经（节选）

第一章

道可道，非常道；名可名，非常名。无名天地之始，有名万物之母。故常无，欲以观其妙；常有，欲以观其徼。此两者同出而异名，同谓之玄。玄之又玄，众妙之门。

第二章

天下皆知美之为美，斯恶已；皆知善之为善，斯不善已。故有无相生，难易相成，长短相形，高下相倾，音声相和，前后相随。是以圣人处无为之事，行不言之教。万物作焉而不辞，生而不有，为而不恃，功成而弗居。夫唯弗居，是以不去。

第三章

不尚贤，使民不争；不贵难得之货，使民不为盗；不见可欲，使民心不乱。是以圣人之治：虚其心，实其腹；弱其志，强其骨。常使民无知无欲，使夫知者不敢为也。为无为，则无不治。

第四章

道冲，而用之或不盈。渊兮，似万物之宗。挫其锐，解其纷，和其光，同其尘。湛兮，似或存。吾不知谁之子，象帝之先。

第五章

天地不仁，以万物为刍狗。圣人不仁，以百姓为刍狗。天地之间，其犹橐龠乎！虚而不屈，动而愈出。多言数穷，不如守中。

第六章

谷神不死，是谓玄牝。玄牝之门，是谓天地根。绵绵若存，用之不勤。

第七章

天长地久。天地所以能长且久者，以其不自生，故能长生。是以圣人后其身而身先，外其身而身存。非以其无私邪？故能成其私。

第八章

上善若水。水善利万物而不争，处众人之所恶，故几于道。居善地，心善渊，与善仁，言善信，政善治，事善能，动善时。夫唯不争，故无尤。

作者介绍：

老子，姓李名耳，字聃，一字伯阳，或曰谥伯阳，春秋末期人，生卒年不详。据《史记》等多部古籍记载，老子是春秋时期的陈国苦县人，在老子去世后，苦县又属于战国楚国和汉朝楚国。中国古代思想家、哲学家、文学家和史学家，道家学派创始人和主要代表人物，与庄子并称"老庄"。后被道教尊为始祖，称"太上老君"。在唐朝，被追认为李姓始祖。曾被列为世界文化名人，世界百位历史名人之一。

老子曾担任周朝守藏室之史，以博学而闻名，孔子曾入周向他问礼。春秋末年，天下大乱，老子欲弃官归隐，遂骑青牛西行。到函谷关时，受关令尹喜之请著《道德经》。

老子思想对中国哲学发展具有深刻影响，其思想核心是朴素的辩证法。在政治上，主张无为而治、不言之教。在权术上，讲究物极必反之理。在修身方面，讲究虚心实腹、不与人争的修持，是道家性命双修的始祖。

译文：

第一章

"道"如果可以用言语来表述，那它就不是常"道"（"道"是可以用言语来表述的，它并非一般的"道"）；"名"如果可以用文辞去命名，那它就不是常"名"（"名"也是可以说明的，它并非普通的"名"）。"无"可以用来表述天地混沌未开之际的状况；而"有"，则是宇宙万物产生之本原的命名。因此，要常从"无"中去观察领悟"道"的奥妙，要常从"有"中去观察体会"道"的端倪。无与有这两者，来源相同而名称相异，都可以称之为玄妙、深远。它不是一般的玄妙、深奥，而是玄妙又玄妙、深远又深远，是宇宙天地万物之奥妙的总门（从"有名"的奥妙到达无形的奥妙，"道"是洞悉一切奥妙变化的门径）。

第二章

天下人都知道美之所以为美，那是由于有丑陋的存在；都知道善之所以为善，那是因为有恶的存在。所以有和无互相转化，难和易互相形成，长和短互相显现，高和下互相充实，音与声互相谐和，前和后互相接随——这是永恒的。因此，圣人用无为的观点对待世事，用不言的方式施行教化：听任万物自然兴起而不为其创始，有所施为，但不加自己的倾向，功成业就而不自居。正由于不居功，就无所谓失去。

第三章

不推崇有才德的人，使老百姓不互相争夺；不珍爱难得的财物，使老百姓不去偷窃；不显耀足以引起贪心的事物，使民心不被迷乱。因此，圣人的治理原则是：排空百姓的心机，填饱百姓的肚腹，减弱百姓的竞争意图，增强百姓的筋骨体魄，经常使老百姓没有智巧，没有欲望。致使那些有才智的人也不敢妄为造事。圣人按照"无为"的原则去做，办事顺应自然，那么，天下就不会不太平了。

第四章

大"道"空虚无形，但它的作用又是无穷无尽。深远啊！它好象万物的祖宗。消磨它的锋锐，消除它的纷扰，调和它的光辉，混同于尘垢。它隐没不见啊，又好像实际存在。我不知道它是谁的后代，似乎是天帝的祖先。

第五章

天地是无所谓仁慈的，它没有仁爱，对待万事万物就像对待刍狗一样，任凭万物自生自灭。圣人也是没有仁爱的，也同样像对待刍狗那样对待百姓，任凭人们自作自息。天地之间，岂不像个风箱一样吗？它空虚而不枯竭，越鼓动风就越多，生生不息。政令繁多反而更加使人困惑，更行不通，不如保持虚静。

第六章

生养天地万物的道（谷神）是永恒长存的，这叫作玄阴。玄妙阴阳之产门，这就是天地的根本。连绵不绝啊！它就是这样不断的永存，作用是无穷无尽的。

第七章

天长地久。天地所以能长久存在，是因为它们不为了自己的生存而自然地运行着，所以能够长久生存。因此，有道的圣人遇事谦退无争，反而能在众人之中领先；将自己置于度外，反而能保全自身生存。这不正是因为他无私吗？所以能成就他自身的成就。

第八章

最善的人好像水一样。水善于滋润万物而不与万物相争，停留在众人都不喜欢的地方，所以最接近于"道"。最善的人，居处时善于选择地方，心胸善于保持沉静而深邃，待人真诚、友爱和无私，说话善于恪守信用，为政善于治理，善于发挥所长，行动善于把握时机。最善的人所作所为正因为有不争的美德，所以没有过失。

作品赏析

老子思想的核心是道，道的本性即是自然，出于对自然的推崇，老子也很推崇素朴和稚拙，认为"大巧若拙"。

老子的文章具有一定的文学性，对后世文学的影响不小。首先，《道德经》高度地发挥了文学的特定社会作用，对当时人们认识自然现象与社会生活起到了重要作用。文学作品是社会生活的形象反映，好的文学作品是真实地再现自然和社会现象中的各种场景，反映一定历史时期的经济、政治、文化，描写不同阶级、不同阶层、不同人物的精神面貌，反映人们的各种现实关系，使读者获得关于历史和现实、社会与人生的各种正确认识。《老子》在这些方面有很大成就。

其次，老子在文章技巧上的成就。仅有五千多字的《道德经》，包容那么丰富的内容而且首尾贯通，这全赖作者写文章运用技巧之高超。老子的文学技巧可归纳为：

一、文简意赅，文短味长，善于以三字、四字构成对句，绘声绘色地描写自然现象和社会生活图景。后人把《道德经》分为八十一章，每一章字数不多，多者八十余字，少者二十余字，但它却像一串串的八宝珍珠，一句一理间错而不断，中间还往往押韵，以增加文章的音乐性。二、妙用比喻和对句。妙用比喻如第五章的"天地不仁以万物为刍狗"、第二十六章的"重为轻根静为躁君"；妙用对句如第一章的"无名天地之始，有名万物之母"、第二章的"处无为之事，行不言之教"之类。每句话都熔铸着作者的强烈思想感情，这就是老子妙用比喻和对句的结果。三、老子文章都很容易理解，并不是"难识微妙"，但要从他的语言运用上找出它的妙处。四、老子文章善于用矛盾说明事物相互转化的自然法则，在造句时信手拈来反正词，巧妙地把它们结合在一起揭示自然现象和社会现象的本质，如：有无、同异、美恶、难易、长短、上下、高低、前后、虚实、强弱，等等。五、老子文章是以明理的散文为本。自六经以下诸子百家论述，文章皆为寓理的工具，老子也不例外，但老子文章情节结构和表现形式，则别具特色。六、老子力求文工，一个道理常以数个同义词，反复论证，再因语短而味长，理明而事核，而不觉重复；老子以文章形式从其内容而不是"文章必以体制为先"；老子文章不求驾空、纤巧，而是靠实，叙述议论，辞正理备。《道德经》八十一章，从头到尾前后呼应、条理清晰，没有混淆之处，体现了结构服从于对主题的表现。

汉魏篇

汉魏时期是中国古代文学史上一个重要的发展阶段，也是中国古代诗歌的黄金时期之一。在这一时期，诗歌成为一种重要的文学形式，融入社会生活的方方面面。

在汉魏时期，诗歌的题材和形式变得更加多样化。除了继承和延续了先秦时期关注现实、时政的诗歌传统外，汉魏诗人也开始探索其他主题，如怀古、咏史等。这一时期的诗人多才多艺，他们不仅擅长写长篇叙事诗，也善于写小品、赋、词等各种诗体。他们以多种灵活的形式表达自己的感情和思想。

汉魏时期是中国古代诗歌发展的一个重要时期，这一时期的诗歌具有独特的特点。汉魏诗歌在题材和形式上更加多样化，表达了诗人的丰富情感和深刻思想。它们结合了自然和人文，展示了山水之美和人文情感的和谐相融。同时，汉魏诗歌也为后来的唐诗创作提供了先声，并善于运用象征和隐喻来表达更深层次的意义。

这些特点使汉魏诗歌在古代文学史上占有独特的地位，并为后来的文学创作提供了重要的启示和借鉴。

接下来让我们一起欣赏汉魏诗歌的魅力吧！

行行重行行

无名氏

行行重行行

行行重①行行，与君生别离②。
相去③万余里，各在天一涯④。
道路阻且长⑤，会面安可知⑥？
胡马依⑦北风，越鸟⑧巢南枝。
相去日已远⑨，衣带日已缓⑩。
浮云蔽白日⑪，游子不顾反⑫。
思君令人老⑬，岁月忽已晚⑭。
弃捐勿复道⑮，努力加餐饭⑯。

注释：

①重：又。这句是说行而不止。
②生别离：古代流行的成语，犹言"永别离"。生，硬的意思。
③相去：相距，相离。
④涯：边际。
⑤阻：指道路上的障碍。长：指道路间的距离很远。
⑥安：怎么，哪里。知：一作"期"。

⑦胡马：北方所产的马。依：依恋的意思。一作"嘶"。
⑧越鸟：南方所产的鸟。
⑨日：一天又一天，渐渐的意思。已：同"以"。远：久。
⑩缓：宽松。这句意思是说，人因相思而躯体一天天消瘦。
⑪白日：原是隐喻君王的，这里喻指未归的丈夫。
⑫顾：顾恋、思念。反：同"返"，返回，回家。
⑬老：这里指形体的消瘦，仪容的憔悴。
⑭岁月：指眼前的时间。忽已晚：流转迅速，指年关将近。
⑮弃捐：抛弃，丢开。复：再。道：谈说。
⑯加餐饭：当时习用的一种亲切的安慰别人的成语。

译文：

你走啊走啊老是不停地走，就这样活生生分开了你我。
从此你我之间相距千万里，我在天这头你就在天那头。
路途那样艰险又那样遥远，要见面可知道是什么时候？
北马南来仍然依恋着北风，南鸟北飞筑巢还在南枝头。
彼此分离的时间越长越久，衣服越发宽大人越发消瘦。
飘荡的游云遮住了那太阳，他乡的游子却并不想回还。
因想你使我变得忧伤消瘦，又是一年很快地到了年关。
还有许多心里话都不说了，只愿你多保重切莫受饥寒。

作品赏析

此诗首句五字，连叠四个"行"字，仅以一"重"字绾结。"行行"言其远，"重行行"言其极远，兼有久远之意，翻进一层，不仅指空间，也指时间。于是，复沓的声调、迟缓的节奏、疲惫的步伐，给人以沉重的压抑感，痛苦伤感的氛围立即笼罩全诗。"与君生别离"，这是思妇"送君南浦，伤如之何"的回忆，更是相思之情再也压抑不住发出的直白的呼喊。诗中的"君"，当指女主人公的丈夫，即远行未归的游子。

与君一别，音讯茫然："相去万余里"。相隔万里，思妇以君行处为天涯；游子离家万里，以故乡与思妇为天涯，所谓"各在天一涯"也。"道路阻且长"承上句而来，"阻"承"天一涯"，指路途坎坷曲折；"长"承"万余里"，指路途遥远，关山迢递。因此，"会面安可知"！当时战争频仍，社会动乱，加上交通不便，生离犹如死别，当然也就相见无期。

然而，别离愈久，会面愈难，相思愈烈。诗人在极度思念中展开了丰富的联想，凡物都有眷恋乡土的本性："胡马依北风，越鸟巢南枝。"这是当时习用的比喻，借喻眷恋故乡的意思。飞禽走兽尚且如此，更不用说人了。这两句用比兴手法，突如其来，效果远比直说更强烈感人。表面上喻远行君子，说明"物尚有情，人岂无思"的道理，同时兼暗喻思妇对远行君子深婉的恋情和热烈的相思——胡马在北风中嘶鸣了，越鸟在朝南的枝头上筑巢了，游子啊，你还不归来啊！"相去日已远，衣带日已缓"——自别后，我容颜憔悴，首如飞蓬，自别后，我日渐消瘦，衣带宽松，游子啊，你还不归来啊！正是这种心灵上无声的呼唤，才越过千百年，赢得了后人的旷世同情和深深的惋叹。

至此，诗中已出现了两次"相去"。第一次与"万余里"组合，指两地相距之远；第二次与"日已远"组合，指夫妻别离时间之长。相隔万里，日复一日，是忘记了当初旦旦誓约，还是为他乡女子所迷惑？正如浮云遮住了白日，使明净的心灵蒙上了一片云翳。"浮云蔽白日，游子不顾反"，这使女主人公忽然陷入深深的苦痛和彷徨之中。诗人通过由思念引起的猜测疑虑心理"反言之"，思妇的相思之情才愈显刻骨，愈显深婉含蓄，意味不尽。

猜测、怀疑，当然毫无结果；极度相思，只能使形容枯槁。这就是"思君令人老，岁月忽已晚"。"老"，并非实指年龄，而指消瘦的体貌和忧伤的心情，是说心身憔悴，有似衰老而已。"晚"，指行人未归，岁月已晚，表明春秋忽代谢，相思又一年，暗喻女主人公青春易逝、坐愁红颜老的迟暮之感。

坐愁相思了无益。与其憔悴自弃，不如努力加餐，保重身体，留得青春容光，以待来日相会。故诗最后说："弃捐勿复道，努力加餐饭。"至此，诗人以期待和聊以自慰的口吻，结束了她相思离乱的歌唱。

诗中淳朴清新的民歌风格，内在节奏上重叠反复的形式，同一相思别离用或显，或寓，或直，或曲，或托物比兴的方法层层深入，"若秀才对朋友说家常话"式单纯优美的语言，正是这首诗具有永恒艺术魅力的所在。而首叙初别之情—次叙路远会难—再叙相思之苦—末以宽慰期待作结,离合奇正,体现转换变化之妙。不迫不露、句意平远的艺术风格,表现出东方女性热恋相思的心理特点。

青青河畔草

无名氏

青青河畔草

青青河畔草，郁郁①园中柳。
盈盈②楼上女，皎皎当窗牖③。
娥娥④红粉妆，纤纤出素手。
昔为倡家⑤女，今为荡子⑥妇。
荡子行不归，空床难独守。

注释：

①郁郁：茂盛的样子。

②盈盈：形容举止、仪态美好。

③皎皎：皎洁，洁白。牖（yǒu）：古建筑中室与堂之间的窗子。古院落由外而内的次序是门、庭、堂、室。进了门是庭，庭后是堂，堂后是室。室门叫"户"，室和堂之间有窗子叫"牖"，室的北面还有一个窗子叫"向"。上古的"窗"专指在屋顶上的天窗，开在墙壁上的窗叫"牖"，后泛指窗。

④娥娥：形容女子姿容美好。《方言》："秦晋之间，美貌谓之娥。"

⑤倡家：古代指从事音乐歌舞的乐人。《说文》："倡，乐也。"

⑥荡子：即"游子"，辞家远出、羁旅忘返的男子。《列子》里说"有人去乡土游于四方而不归者，世谓之为狂荡之人也"可以为证。

译文：

河边的草地草儿青绿一片，园中茂盛的柳树郁郁葱葱。

站在绣楼上的那位女子体态盈盈，她靠着窗户容光照人好像皎皎的明月。

她打扮得红装艳丽，伸出纤细白嫩的手指扶着窗儿向远方盼望她的亲人。

从前她曾经是个青楼里的歌女，因为希望过上正常人的生活才成了游子的妻子。

不想游子远行在外总是不回来，丢下她一个独守空房实在难以忍受寂寞。

作品赏析

　　此诗叙述的是一个生活片段，大致描述如下：女主人公独立楼头，体态盈盈，如临风凭虚；她倚窗当轩，容光照人，皎皎有如轻云中的明月；她红妆艳服，打扮得十分用心；她牙雕般的纤纤双手，扶着窗棂，在久久地引颈远望：她望见了园林河畔，草色青青，绵绵延延，伸向远方。"青青河畔草，绵绵思远道；远道欲何之，宿昔梦见之"（《古诗》），原来她的目光，正随着草色，追踪着远行人往日的足迹；她望见了园中那株郁郁葱葱的垂柳，她曾经从这株树上折枝相赠，希望柳丝儿能"留"住远行人的心。原来一年一度的春色，又一次燃起了她重逢的希望，也撩拨着她那青春的情思。希望，在盼望中又一次归于失望；情思，在等待中化成了悲怨。她不禁回想起生活的拨弄。她，一个青楼歌女，好不容易挣脱了欢场泪歌的羁绊，找到了可心的郎君，希望过上正常人的生活；然而造化竟如此弄人，她不禁在心中呐喊："远行的荡子，为何还不归来，这冰凉的空床，叫我如何独守！"

　　此诗写的就是这样一个重演过无数次的平凡的生活片段，用的也只是即景抒情的平凡章法、"秀才说家常话"（谢榛语）式的平凡语言；然而韵味却不平凡。能于平凡中见出不平凡的境界来，就是此诗——也是《古诗十九首》——那后人刻意雕镂所不能到的精妙。

　　这首诗其实就是一首歌词，是能够歌唱的诗句，也是《古诗十九首》中唯一使用了第三人称叙说的形式。

诗的结构看似平直，却直中有婉，极自然中得虚实相映、正反相照之妙。诗境的中心当然是那位楼头美人，草色柳烟是她望中所见，但诗人——他可能是偶然望见美人的局外人，也可能就是那位远行的荡子——代她设想，则自然由远而近，从园外草色，收束到园内柳烟，更汇聚到一点，园中心那高高楼头。自然界的青春，为少妇的青春做陪衬；青草碧柳为艳艳红妆陪衬，美到了极致。而唯其太美，所以篇末那突发的悲声才分外感人，也只是读诗至此，方能进一步悟到，开首那充满生命活力的草树，早已抹上了少妇那梦思般的哀愁。这也就是前人常说的《十九首》之味外味。如果采用后代诗家的诗法分析，则形成了前后对照、首尾相应的结构。然而诗中那朴茂的情韵，使人不能不感到，诗人并不一定做如此巧妙营构，他，只是为她设想，以她情思的开展起伏为线索，一一写成，感情的自然曲折，形成了诗歌结构的自然曲折。

诗的语言并不新奇，只是用了民歌中常用的叠词，而且一连用了六个，但是贴切而又生动。青青与郁郁，同是形容植物的生机畅茂，但青青重在色调，郁郁兼重意态，且二者互易不得。柳丝堆烟，方有郁郁之感，河边草色，伸展而去，是难成郁郁之态的，而如仅以青青状柳，亦不足尽其意态。盈盈、皎皎，都是写美人的风姿，而盈盈重在体态，皎皎重在风采，由盈盈而皎皎，才有如同明月从云层中步出那般由隐绰到光鲜的感觉，试先后互易一下，必会感到轻重失当。娥娥与纤纤同是写其容色，而娥娥是大体的赞美，纤纤是细部的刻画，互易不得。六个叠字无一不贴切，由外围而中心，由总体而局部，由朦胧而清晰，烘托刻画了楼上女尽善尽美的形象，这里当然有一定的提炼选择，然而又全是依诗人远望或者悬想的过程逐次映现的。也许正是因为顺想象的层次自然展开，才更帮助了当时尚属草创的五言诗人词汇用得如此贴切，不见雕琢之痕，如果凭空营构来布置辞藻，效果未必会如此好。这就是所谓"秀才说家常话"。

六个叠字的音调也富于自然美、变化美。青青是平声，郁郁是仄声，盈盈又是平声，浊音，皎皎则又为仄声，清音；娥娥、纤纤同为平声，而一浊一清，平仄与清浊之映衬错综，形成一片宫商，和谐动听。当时声律尚未发现，诗人只是依直觉发出了天籁之音，无怪乎南朝钟嵘《诗品》要说"蜂腰鹤膝，闾里已具"了。这种出于自然的调声，使全诗音节在流利起伏中仍有一种古朴的韵味，细辨之，自可见与后来律调的区别。

六个叠词声、形、两方面的结合，在叠词的单调中赋予了一种丰富的错落变化。

这单调中的变化，正入神地传达出了女主人公孤独而耀目的形象，寂寞而烦扰的心声。

这位诗人不可能懂得个性化、典型化之类的美学原理，但深情的远望或悬想，情之所钟，使他恰恰写出了女主人公的个性与典型意义。这是一位倡家女，长年的歌笑生涯，对音乐的敏感，使她特别易于受到阳春美景中色彩与音响的撩拨。她不是唐代王昌龄《闺怨》诗中那位不知愁的天真的贵族少女。她凝妆上楼，一开始就是因为怕迟来的幸福重又失去，而去痴痴地盼望行人，她娥娥红妆也不是为与春色争美，而只是为了伊人，痴想着他一回来，就能见到她最美的容姿。因此她一出场就笼罩在一片草色凄凄、垂柳郁郁的哀怨气氛中。她受苦太深，希望太切，失望也因而太沉重，心灵的重压，使她迸发出"空床难独守"这一无声却又是赤裸裸的情热的呐喊。这不是"悔教夫婿觅封侯"式的精致的委婉，而只是，也只能是倡家女的心声坦露。也唯因其几近无告的孤苦呐喊，才与其明艳的丽质，形成极强烈的对比，具有震撼人心的力量。诗人在自然真率的描摹中，显示了从良倡家女的个性，也通过她显示出在游宦成风而希望渺茫的汉末，一代中下层妇女的悲剧命运。这就是个性化的典型性。

涉江采芙蓉

无名氏

涉江采芙蓉

涉江采芙蓉①，兰泽②多芳草。
采之欲遗③谁？所思在远道④。
还顾望旧乡⑤，长路漫浩浩⑥。
同心⑦而离居，忧伤以终老⑧。

注释：

①芙蓉：荷花的别名。

②兰泽：生有兰草的沼泽地。芳草：这里指兰草。

③遗（wèi）：赠予。

④所思：所思念的人。远道：犹言"远方"，遥远的地方。

⑤还顾：回顾，回头看。旧乡：故乡。

⑥漫浩浩：犹"漫漫浩浩"，这里用以形容路途的广阔无边。漫，路长貌。浩浩，水流貌。

⑦同心：古代习用的成语，多用于男女之间的爱情关系，这里是说夫妇感情的融洽。

⑧终老：度过晚年直至去世。

译文：

踏过江水去采荷花，到兰草生长的沼泽地采兰花。
采了花要送给谁呢？想要送给那远在故乡的爱人。
回头远眺故乡家园，却又长路漫漫遥望无边无际。
漂泊异乡两地相思，怀念爱妻愁苦忧伤以至终老。

作品赏析

　　此诗开篇"涉江采芙蓉"之人，有人认为是离乡的游子（即思妇的丈夫）；但有人反对这种观点，理由是游子求宦在外，或者因别的原因，是不可能去"涉"南方之"江"采摘芙蓉的。因此，有人认为"涉江采芙蓉"者是在江南家乡的思妇（即妻子）。按江南民歌所常用的谐音双关手法，诗歌中的"芙蓉"（荷花）往往谐"夫容"之音，即丈夫的面容。所以，"涉江采芙蓉"的人当为思妇。"兰泽多芳草"，是说湖岸泽畔，还有很多的兰草，发出阵阵幽香。这里是以花喻人，因此，除了说兰泽多芳草外，也暗示了兰泽有很多美女。这与《乐府诗集·江南》"江南可采莲，莲叶何田田"的景象有异曲同工之妙。

　　"采之欲遗谁？所思在远道！"这两句点明了思妇的忧思源于对丈夫的思念。思妇思念丈夫，而丈夫正远在天涯。她采摘了美好的"芙蓉"，此刻难以送给自己想念的远方的人。可以说，思妇采莲，并没有《乐府诗集·江南》中的"鱼戏莲叶间。鱼戏莲叶东，鱼戏莲叶西，鱼戏莲叶南，鱼戏莲叶北"的快乐。采莲本应是快乐的，而女子却是忧伤的。这里，诗人以乐景表哀情，倍增其哀。

　　接着两句空间发生了突然转换，视角发生了变化，不写自己，而写身在"远道"的丈夫："还顾望旧乡，长路漫浩浩。"也许就是一种心灵的感应。上面两句写思妇还在思夫的时候，诗歌就转换了视角，写远方的丈夫此刻也正带着无限思念，回望妻子所在的故乡。然而，展现在他眼前的，无非是漫漫无尽的"长路"和阻山隔水的浩浩烟云。这样的写法就是一种"悬想"的方法，即不写此处写彼处。杜甫的《月夜》就是这样的写法。杜甫不写自己想念妻儿，而写妻子想念自己，这样就增强了情感的表达效果。游子回家的希望渺茫，因而思念妻子的情感更为强烈。

诗歌最后两句："同心而离居，忧伤以终老！"如果从游子的角度看，是在悬想的境界中发出的，不但表现出一种无奈，更表现出了对"同心而离居"的妻子的思念。如果从妻子的角度看，表现出了对丈夫爱的坚强决心。即使丈夫不回家，即使想念的"衣带渐宽"也"终不悔"，爱到老死也心甘情愿。可以说，这样的结尾明白晓畅，表现出这对夫妻同心离居的痛苦与无奈中那爱的决心。

迢迢牵牛星①

无名氏

迢迢牵牛星②，皎皎河汉女③。
纤纤擢素手④，札札弄机杼⑤。
终日不成章⑥，泣涕零如雨⑦。
河汉清且浅，相去复几许⑧？
盈盈一水间⑨，脉脉⑩不得语。

注释：

①《迢迢牵牛星》及前面所选的《行行重行行》《青青河畔草》《涉江采芙蓉》均选自《古诗十九首》，《古诗十九首》选自南朝梁萧统《文选》卷二九，作者不详，创作时代大约在东汉末年。

②迢迢（tiáo）：遥远。牵牛星：隔银河和织女星相对，俗称"牛郎星"，是天鹰星座的主星，在银河东。

③皎皎：明亮的样子。河汉女：指织女星，是天琴星座的主星，在银河北。织女星与牵牛星隔河相对。河汉，即银河。

④擢（zhuó）：摆弄的意思。素：白皙。这句是说，伸出细长而白皙的手。

⑤札（zhá）札：这是一个象声词。正摆弄着织机（织着布），发出札札的织布声。弄：摆弄。杼（zhù）：织布机上的梭子。

⑥章：指布帛上的经纬纹理，这里指整幅的布帛。终日不成章：是用《诗经·大东》语意，说织女终日也织不成布。《诗经》原意是织女徒有虚名，不会织布。而这里则是说织女因相思，而无心织布。

⑦涕：眼泪。零：落下。

⑧去：间隔。几许：多少。这两句是说，织女和牵牛二星彼此只隔着一条银河，相距能有多远啊？

⑨盈盈：清澈、晶莹的样子。间（jiàn）：相隔。

⑩脉脉（mò mò）：默默地用眼神或行动表达情意。

译文：

（看那天边）遥远明亮的牵牛星和织女星。

（织女）伸出细长而白皙的手，正摆弄着织机（织布），发出札札的织布声。

（她思念牛郎，无心织布），因此一整天也没织成一段布，眼泪像下雨一样落下来。

银河又清又浅，相隔又有多远呢？

（牛郎和织女）相隔在清澈的银河两边，含情脉脉相视无言地痴痴凝望。

这首诗借神话传说中牛郎、织女被银河相隔而不得相见的故事，抒发了因爱情遭受挫折而痛苦忧伤的心情。

此诗描写天上的一对夫妇牵牛和织女，视点却在地上，是以第三者的角度观察他们夫妇的离别之苦。开头两句分别从两处落笔，言牵牛曰"迢迢"，状织女曰"皎皎"。迢迢、皎皎互文见义，不可执着。牵牛也皎皎，织女也迢迢。他们都是那样的遥远，又是那样的明亮。但以迢迢属之牵牛，则很容易让人联想到远在他乡的游子，而以皎皎属之织女，则很容易让人联想到女性的美。如此说来，似乎又不能互换了。如果因为是互文，而改为"皎皎牵牛星，迢迢河汉女"，其意趣就减去了一半。诗歌语言的微妙于此可见一斑。称织女为"河汉女"是为了凑成三个音节,而又避免用"织女星"这三字。上句已用了"牵牛星",下句再说"织女星",既不押韵,又显得单调。"河汉女"就活脱多了。"河汉女"的意思是银河边上的那个女子,这说法更容易让人联想到一个真实的女人,而忽略了她本是一颗星。不知作者写诗时是否有这番苦心,反正写法不同,艺术效果亦迥异。总之,"迢迢牵牛星,皎皎河汉女"这十个字的安排,可以说是最巧妙的安排而又具有最浑成的效果。

  以下四句专就织女这一方面来写,说她虽然整天在织,却织不成布匹,因为她心里悲伤不已。"纤纤擢素手"意谓擢纤纤之素手,为了和下句"札札弄机杼"对仗,而改变了句子的结构。"擢"者,引也,抽也,接近伸出的意思"札札"是机杼之声。"杼"是织布机上的梭子。诗人在这里用了一个"弄"字。《诗经·小雅·斯干》:"乃生女子,载弄之瓦。"这弄字是玩、戏的意思。织女虽然伸出素手,但无心于机织,只是抚弄着机杼,泣涕如雨水一样滴下来。"终日不成章"化用《诗经·大东》语意:"彼织女,终日七襄。虽则七襄,不成报章。"

  最后四句是诗人的慨叹:"河汉清且浅,相去复几许?盈盈一水间,脉脉不得语。"那阻隔了牵牛和织女的银河既清且浅,牵牛与织女相去也并不远,虽只一水之隔却相视而不得语也。

观沧海

曹操

观沧海

东临①碣②石,以观沧③海④。

水何⑤澹澹⑥,山岛竦峙⑦。

树木丛生,百草丰茂。

秋风萧瑟⑧,洪波⑨涌起。

日月⑩之行,若⑪出其中;

星汉⑫灿烂,若出其里。

幸⑬甚⑭至⑮哉,歌以咏志⑯。

作者介绍:

曹操(155—220年),字孟德,谯(今安徽亳州)县人,建安时代杰出的政治家、军事家和文学家。建安元年(196年)迎献帝都许(今河南许昌东),挟天子以令诸侯,先后削平吕布等割据势力。官渡之战大破军阀袁绍后,逐渐统一了中国北部。建安十三年(208年),进位为丞相,率军南下,被孙权和刘备的联军击败于赤壁。后封魏王。子曹丕称帝,追尊为武帝。事迹见《三国志》卷一本纪。有集三十卷,已散佚。明人辑有《魏武帝集》,今又有《曹操集》。

注释：

①临：登上，有游览的意思。

②碣（jié）石：山名，在今河北昌黎西北。东汉建安十二年（207年）秋天，曹操征乌桓时曾路经这里。

③沧：通"苍"，青绿色。

④海：渤海。

⑤何：多么。

⑥澹澹（dàn）：水波摇动的样子。

⑦竦峙（sǒng zhì）：高高地挺立。竦，高起。峙，挺立。

⑧萧瑟：树叶被秋风吹拂的声音。

⑨洪波：汹涌澎湃的波浪。

⑩日月：太阳和月亮。

⑪若：如同，好像是。

⑫星汉：银河，天河。

⑬幸：庆幸。

⑭甚：非常。

⑮至：极点。

⑯幸甚至哉，歌以咏志：乐府歌结束用语，不影响全诗内容与感情。意为太值得庆幸了！就用诗歌来表达心志吧。

译文：

东行登上碣石山，来观赏那苍茫的渤海。

海水多么宽阔浩荡，山岛高高地挺立在海边。

树木和百草丛生，十分繁茂。

秋风吹动树木发出悲凉的声音，海中涌着巨大的海浪。

太阳和月亮的升降起落，好像是从这浩瀚的海洋中发出的。

银河星光灿烂，好像是从这浩瀚的海洋中产生出来的。

我很幸运，就用这首诗歌来表达自己内心的志向。

　　这首诗是曹操北征乌桓胜利班师,途中登临碣石山时所作,诗人借大海的雄伟壮丽景象,表达了自己渴望建功立业,统一中原的雄心伟志和宽广胸襟。从诗的体裁看,这是一首古体诗;从表达方式看,这是一首四言写景诗。

　　"东临碣石,以观沧海"这两句话点明"观沧海"的位置:诗人登上碣石山顶,居高临海,视野寥廓,大海的壮阔景象尽收眼底。以下十句描写,概由此拓展而来。"观"字起到统领全篇的作用,体现了这首诗意境开阔、气势雄浑的特点。

　　"水何澹澹,山岛竦峙。树木丛生,百草丰茂。秋风萧瑟,洪波涌起"是实写眼前的景观,神奇而又壮观。"水何澹澹,山岛竦峙"是望海初得的大致印象,有点像绘画的轮廓。在这水波"澹澹"的海上,最先映入眼帘的是那突兀耸立的山岛,它们点缀在平阔的海面上,使大海显得神奇壮观。这两句写出了大海远景的一般轮廓,下面再层层深入描写。"树木丛生,百草丰茂。秋风萧瑟,洪波涌起",前二句具体写竦峙的山岛:虽然已到秋风萧瑟,草木摇落的季节,但岛上树木繁茂,百草丰美,给人诗意盎然之感。后二句则是对"水何澹澹"一句的进一层描写:定神细看,在秋风萧瑟中的海面竟是洪波巨澜,汹涌起伏。作者面对萧瑟秋风,极写大海的辽阔壮美:在秋风萧瑟中,大海汹涌澎湃,浩淼接天;山岛高耸挺拔,草木繁茂,没有丝毫凋衰感伤的情调。这种新的境界,新的格调,正反映了他"老骥伏枥,志在千里"的"烈士"胸襟。

　　"日月之行,若出其中;星汉灿烂,若出其里"则是虚写,作者运用想象,写出了自己的壮志情怀。前面的描写,将大海的气势和威力凸显在读者面前;在丰富的联想中表现出作者博大的胸怀、开阔的胸襟、宏大的抱负,暗含一种要像大海容纳万物一样把天下纳入自己掌中的胸襟。"幸甚至哉,歌以咏志。"这是合乐时的套语,与诗的内容无关,也说明这是乐府唱过的。

　　这首诗全篇写景,其中并无直抒胸臆的感慨之词,但是诵读全诗,仍能令人感到诗中所深深寄托的诗人的情怀。通过诗人对波涛汹涌、吞吐日月的大海的生动描绘,读者仿佛看到了曹操奋发进取,立志统一国家的伟大抱负和壮阔胸襟,触摸到了作为一个诗人、政治家、军事家的曹操,在一种典型环境中思想感情的流动。写景部分准确生动地描绘出海洋的形象,单纯而又饱满,丰富而不琐细,好像一幅粗线条的炭笔画一样。尤其可贵的是，这首诗不仅仅反映了海洋的形象，同时也赋予它以性格，句句写景，又是句句抒情。诗歌既表现了大海的壮阔，也表现了诗人自己抱负的宏伟。诗人不满足于对海洋做形似的模拟，而是通过形象，力求表现海洋那种孕大含深、动荡不安的性格。海，本来是没有生命的，然而在诗人笔下却具有了性格。这样才更真实、更深刻地反映了大海的面貌。

  这首诗不但写景，而且借景抒情，把眼前的海上景色和自己的雄心壮志很巧妙地融合在一起。这首诗的高潮放在诗的末尾，它的感情非常奔放，思想却很含蓄。不但做到了情景交融，而且做到了情理结合、寓情于景。因为它含蓄，所以更有启发性，更能激发我们的想象，更耐人寻味。过去人们称赞曹操的诗深沉饱满、雄健有力，"如幽燕老将，气韵沉雄"，从这里可以得到印证。全诗的基调苍凉慷慨，这也是建安风骨的代表作。

龟虽寿 ①

曹操

龟虽寿

神龟虽寿，犹有竟时②。
腾蛇③乘雾，终为土灰。
老骥④伏枥⑤，志在千里。
烈士⑥暮年⑦，壮心不已⑧。
盈缩⑨之期，不但⑩在天；
养怡⑪之福，可得永年。
幸甚至哉，歌以咏志⑫。

注释：

①此诗为曹操组诗作品《步出夏门行》中的第四首，诗题是后人从诗歌的开头取三字而来。

②"神龟"二句：神龟虽能长寿，但也有死亡的时候。神龟，传说中的通灵之龟，能活几千岁。寿，长寿。竟，终结，这里指死亡。

③䲢（téng）蛇：一作"腾蛇"，是一种会腾云驾雾的蛇，是一种仙兽。又一说为星宿之一，有"勾陈腾蛇"之说，出自《山海经·中山经》。

④骥（jì）：良马，千里马。

⑤枥（lì）：马槽。

⑥烈士：有远大抱负的人。

⑦暮年：晚年。

⑧已：停止。

⑨盈缩：指人的寿命长短。盈，满，引申为长。缩，亏，引申为短。

⑩但：仅，只。

⑪养怡：指调养身心，保持身心健康。怡，愉快、和乐。

⑫"幸甚"二句：此二句是附文，跟正文没关系，只是抒发作者感情，是乐府诗的一种形式性结尾。

译文：

神龟虽然十分长寿，但生命终究会有结束的一天；

腾蛇尽管能腾云乘雾飞行，但终究也会死亡化为土灰。

年老的千里马虽然伏在马槽旁，雄心壮志仍是驰骋千里；

壮志凌云的人士即便到了晚年，奋发思进的心也永不止息。

人寿命长短，不只是由上天决定；

调养好身心，就定可以益寿延年。

真是幸运极了，用歌唱来表达自己的思想感情吧。

作品赏析

这是一首充满诗人对生活的真切体验的哲理诗，因而写得兴会淋漓，有着一种真挚而浓烈的感情力量；哲理与诗情又是通过形象化的手法表现出来的，因而述理、明志、抒情在具体的艺术形象中实现了完美的结合。

诗中"神龟虽寿，犹有竟时。腾蛇乘雾，终为土灰"，从朴素的唯物论和辩证法的观点出发，否定了神龟、腾蛇一类神物的长生不老，说明了生死存亡是不可违背的自然规律。"犹有"和"终为"两个词组下得沉着。而"老骥"以下四句，语气转为激昂，笔挟风雷，使这位"时露霸气"的盖世英豪的形象跃然纸上。

"老骥伏枥，志在千里，烈士暮年，壮心不已"，笔力遒劲，韵律沉雄，内蕴着一股自强不息的豪迈气概，深刻地表达了曹操老当益壮、锐意进取的精神面貌。"壮心不已"表达了要有永不停止的理想追求和积极进取精神，永远乐观奋发，自强不息，保持思想上的青春，曹操以切身体验揭示了人的精神因素对健康的重要意义。

"盈缩之期，不但在天；养怡之福，可得永年。"表现出一种深沉委婉的风情，给人一种亲切温馨之感。全诗跌宕起伏，又机理缜密，闪耀出哲理的智慧之光，迸发出奋进之情，振响着乐观声调。艺术风格朴实无华，格调高远，慷慨激昂，显示出诗人自强不息的进取精神、热爱生活的乐观精神。

人寿命的长短不完全决定于天，只要保持身心健康就能延年益寿。曹操所云"养怡之福"，不是指无所事事，坐而静养，而是说一个人精神状态是最重要的，不应因暮年而消沉。这里可见诗人对天命持否定态度，而对事在人为抱有信心的乐观主义精神，抒发了诗人不甘衰老、不信天命、奋斗不息、对伟大理想的追求永不停止的壮志豪情。

《龟虽寿》更可贵的价值在于这是一首真正的诗歌，它开辟了一个诗歌的新时代，汉武帝罢黜百家，独尊儒术，把汉代人的思想禁锢了三四百年，弄得汉代文人不会写诗，只会写那些歌颂帝王功德的大赋，只会没完没了地注释儒家经书，真正有感情、有个性的文学得不到发展。直到东汉末年天下分崩，风云扰攘，政治思想文化发生重大变化，作为一世之雄而雅爱诗章的曹操，带头离经叛道，给文坛带来了自由活跃的空气。他"外定武功，内兴文学"，身边聚集了"建安七子"等一大批文人，他们都是天下才志之士，生活在久经战乱的时代，思想感情常常表现得慷慨激昂。正如《文心雕龙·时序》说："观其时文，雅好慷慨，良由世积乱离，风衰俗怨，并志深而笔长，故梗慨而多气也。"尤其是曹操，鞍马为文，横槊赋诗，其诗悲壮慷慨，震古烁今，前无古人，后无来者。这种充满激情的诗歌所表现出来的爽朗刚健的风格，后人称之为"建安风骨"，曹操是最突出的代表。千百年来，曹操的诗就是以这种"梗慨多气"风骨及其内在的积极进取精神，震荡着天下英雄的心灵。也正是这种可贵特质，使建安文学在中国文学史上闪烁着夺目光彩。钟嵘将曹操置于下品，主要是嫌其"古直"而少文采，殊不知曹操这样一位豪气盖世的英雄，是不屑于雕章琢句的。钟嵘为六朝时人，当时文学之士很讲究文采华美，所谓"俪采百字之偶，争价一句之奇"。钟嵘对曹操的评价过低，显然是时代风气使然。任何文学——包括诗歌在内,文采较之内容,毕竟是第二位的。关于曹操的文学地位,过去常为其政治业绩所掩,而不为人重视,其实,他在中国文学发展史上,是有卓越贡献的人物,特别对建安文学有开创之功,实在是应当大书一笔的。

七步诗

曹植

七步诗

煮豆持作羹①,漉菽以为汁②。
萁在釜③下燃,豆在釜④中泣。
本自同根生,相煎⑤何太急!

作者介绍:

曹植(192—232年),字子建,三国魏谯(今安徽亳州)人。曹操子。封陈王,谥曰思,故世称陈思王。自称"生乎乱,长乎军"。天资聪颖,才思敏捷,深得曹操赏爱,几乎被立为太子,终因"任性而行,不自雕励,饮酒不节"而失宠。其创作以建安二十五年(220年)为界,分为前后两期。前期诗歌主要是歌唱他的理想和抱负,后期诗歌主要是表达由理想与现实的矛盾所激起的悲愤。他是建安文学成就最高者,是第一位大力写作五言诗的文人,现存诗歌九十余首。宋人辑有《曹子建集》,今又有《曹植集校注》。

注释:

①持:用来,用作。羹(gēng):用肉或菜做成的糊状食物。

②漉（lù）：过滤。菽：豆类植物。

③萁（qí）：豆梗，豆茎，晒干后用作柴火烧。

④釜（fǔ）：古代的一种锅。

⑤煎：煎熬，比喻迫害。

译文：

煮豆来做豆羹，过滤豆子的残渣做成汁。

豆秆在锅下燃烧，豆子在锅里哭泣。

本是从同一条根上生长出来的，为什么要相互煎熬逼迫得那么狠呢？

作品赏析

  这首诗纯以比兴的手法出之，语言浅显，寓意明畅。前四句描述了燃萁煮豆这一日常生活现象，曹植以"豆"自喻，一个"泣"字充分表达了受害者的悲伤与痛苦。第二句中的"漉菽"是指过滤豆子的残渣，留下豆汁做豆羹。"萁"是指豆茎，晒干后用来作为柴火烧，萁燃烧而煮熟的正是与自己同根而生的豆子，比喻兄弟逼迫太紧，自相残害，实有违天理，为常情所不容。诗人取譬之妙，用语之巧，而且在刹那间脱口而出，实在令人叹为观止。后两句笔锋一转，抒发了曹植内心的悲愤，这显然是在质问曹丕：既是同胞兄弟，为什么如此苦苦相逼？"本是同根生，相煎何太急"，千百年来已成为人们劝诫避免兄弟阋墙、自相残杀的普遍用语，说明此诗在人民中流传极广。

  这首诗以萁豆相煎为比喻，控诉了曹丕对自己和其他众兄弟的残酷迫害，口吻委婉深沉，讥讽之中有提醒规劝。这一方面反映了曹植的聪明才智，另一方面也反衬了曹丕迫害手足的残忍。这首诗之妙，在于巧妙设喻，寓意明畅。豆和豆秸是同一个根上长出来的，就好比同胞兄弟，豆秸燃烧起来却把锅内的豆煮得翻转"哭泣"，以此来比喻兄弟相残，十分贴切感人。

  当然，这首诗的风格与曹植集中的其他诗作不尽一致，因是急就而成，所以谈不上语言的锤炼和意象的精巧，只是以其贴切而生动的比喻、明白而深刻的寓意赢得了千百年来读者的称赏。

唐代篇

唐代，是中华民族悠久历史中最辉煌的朝代，起于公元7世纪上半期，终于公元8世纪中叶。唐代政治开明，思想解放，人才辈出，疆域辽阔，国防巩固，民族和睦，在当时的世界上可称无比繁荣昌盛。

唐代是中国古典诗歌发展的全盛时期，唐诗是唐代珍贵的文化遗产之一，是中华文化宝库中的一颗明珠，很多诗篇朗朗上口，为一代又一代的读者所珍爱。

唐诗的形式是多种多样的。唐代的古体诗，主要有五言和七言两种。近体诗也有两种，一种叫作绝句，一种叫作律诗。绝句和律诗又各有五言和七言之不同。所以，唐诗的基本形式大体上有这样六种：五言古体诗、七言古体诗、五言绝句、七言绝句、五言律诗、七言律诗。

唐诗的风格是丰富多彩、推陈出新的。它不仅继承了汉魏民歌、乐府传统，并且大大发展了歌行体的样式；不仅继承了前代的五、七言古诗，并且发展为叙事言情的长篇巨制；不仅扩展了五言、七言形式的运用，还创造了风格特别优美整齐的近体诗。近体诗是当时的新体诗，它的创造和成熟，是唐代诗歌发展史上的一件大事。它把中国古典诗歌的音节和谐、文字精练的艺术特色，推到前所未有的高度，为古代抒情诗找到一个最典型的形式，特别为人们所喜闻乐见。

接下来让我们一起欣赏唐诗的魅力吧！

回乡偶书^① 二首·其一

贺知章

回乡偶书二首其一

少小离家老大回^②，乡音无改鬓毛衰^③。
儿童相见不相识^④，笑问^⑤客从何处来。

作者介绍：

贺知章（659—744年），唐代诗人。字季真，越州永兴（今浙江省杭州市萧山区）人。武则天证圣元年（695年）进士，授国子四门博士，迁太常博士。后历任礼部侍郎、秘书监、太子宾客等职。为人旷达不羁，有"清谈风流"之誉，晚年尤纵，自号"四明狂客""秘书外监"。贺知章属盛唐前期诗人，又是书法家，为"吴中四士"之一。作品大多散佚，现存诗二十首，多祭神乐章与应制诗，写景之作，较清新通俗。

注释：

①偶书：随便写的诗。偶，说明诗写作得很偶然，是随时有所见、有所感就写下来的。
②少小离家：贺知章三十七岁中进士，在此以前就离开家乡。老大：年纪大了。贺知章

回乡时已年逾八十。

③乡音：家乡的口音。无改：没什么变化。一作"难改"。鬓毛衰：老年人须发稀疏变少。鬓毛，额角边靠近耳朵的头发。一作"面毛"。衰，此处应是减少的意思。

④相见：即看见我。相，带有指代性的副词。不相识：即不认识我。

⑤笑问：笑着询问。一作"却问"，一作"借问"。

译文：

我年少时离开家乡，到迟暮之年才回来。

我的乡音虽未改变，鬓角的毛发却已斑白。

家乡的孩童看见我，没有一个认识我。

他们笑着询问我：这位客人是从哪里来的呀？

作品赏析

这是一首久客异乡、缅怀故里的感怀诗。写于初来乍到故乡之时，抒写久客伤老之情。

"少小离家老大回"，诗一开始，就紧扣题目，单刀直入，点明离家与回乡相距年岁之久、时间之遥，其中已蕴藏着很深的感慨。这感慨在同题第二首诗中即有明白的描写："离别家乡岁月多，近来人事半消磨。惟有门前镜湖水，春风不改旧时波。"山河依旧，人事消磨，将自然的永恒与人生的多变做了鲜明的对照。这里是明写，在"少小离家老大回"中是隐含，表现手法不同，艺术效果也不同。

第二句"乡音无改鬓毛衰"用的也是对比法，但不是自然与人生的对比，而是语言与鬓发的对比。语言习惯一经形成，虽经岁月磨砺也难以更改；美好青春难以永驻，童颜黑发转眼即可衰颓。"乡音无改"既是故乡在诗人身上打下的永远抹不掉的烙印，又是诗人亲近故乡儿童的媒介，所以弥足珍贵；"鬓毛衰"本是离乡数十年来宦游奔波的必然结果，幸而叶落归根，在白发飘萧的垂暮之年，终于返回朝思暮想的故乡，因而倍觉幸运。诗人这时的感情是悲喜交集，感慨与激动参半。

三四句从充满感慨的一幅自画像，转而为富于戏剧性的儿童笑问的场面。"笑问客从何处来"，在儿童，这只是淡淡的一问，言尽而意止；在诗人，却成了重重的一击，引出了他的无穷感慨，自己的老迈衰颓与反主为宾的悲哀，尽都包含在这看似平淡的一问中了。全诗就在这有问无答处悄然作结，而弦外之音却如空谷传响，哀婉备至，久久不绝。

就全诗来看，一二句尚属平平，三四句却似峰回路转，别有境界。后两句的妙处在于背面敷粉，了无痕迹：虽写哀情，却借欢乐场面表现；虽为写己，却从儿童一面翻出。而所写儿童问话的场面又极富于生活的情趣，即使读者不为诗人久客伤老之情所感染，也不能不被这一饶有趣味的生活场景所打动。

此诗运用了三种对比：通过少小离家与老大回乡的对比，以突出离开家乡时间之长；通过乡音难改与鬓毛易衰的对比，以突出人事变化速度之快；通过白发衰翁与天真儿童的对比，委婉含蓄地表现了诗人回乡欢愉之情和人世沧桑之感，并且将这两种迥不相同的感情水乳交融地凝合在一起。全诗采用白描手法，在自然朴素的语言中蕴藏着一片真挚深厚的感情，读之如饮醇醪，入口很淡，而后劲无穷。

将 进 酒[1]

李白

将进酒

君不见黄河之水天上来[2],奔流到海不复回。
君不见高堂明镜悲白发,朝如青丝暮成雪[3]。
人生得意[4]须尽欢[5],莫使金樽空对月。
天生我材必有用,千金散尽还复来[6]。
烹羊宰牛且为乐,会须一饮三百杯[7]。
岑夫子,丹丘生[8],将进酒,杯莫停[9]。
与君[10]歌一曲,请君为我倾耳听[11]。
钟鼓馔玉[12]不足贵,但愿长醉不复醒[13]。
古来圣贤皆寂寞,惟有饮者留其名。
陈王[14]昔时宴平乐,斗酒十千恣欢谑[15]。
主人何为言少钱[16],径须沽[17]取对君酌。
五花马,千金裘[18],呼儿将出换美酒,与尔同销万古愁[19]。

作者介绍：

李白（701—762年），字太白，号青莲居士，又号"谪仙人"，是唐代伟大的浪漫主义诗人，被后人誉为"诗仙"。与杜甫并称为"李杜"，为了与另两位诗人李商隐与杜牧即"小李杜"区别，杜甫与李白又合称"大李杜"。其人爽朗大方，爱饮酒作诗，喜交友。李白有《李太白集》传世，诗作多为醉时所作，代表作有《望庐山瀑布》《行路难》《蜀道难》《将进酒》《越女词》《早发白帝城》等多首。李白所作词赋，宋人已有记载（如文莹《湘山野录》卷上），就其开创意义及艺术成就而言，"李白词"享有极为崇高的地位。

注释：

①将进酒：属汉乐府旧题。将（qiāng），愿，请。《将进酒》选自《李太白全集》。这首诗大约作于天宝十一年（752年），距诗人被唐玄宗"赐金放还"已达八年之久。当时，他跟岑勋曾多次应邀到嵩山（在今河南登封境内）元丹丘家里做客。

②君不见：你没有看见吗？是乐府体诗中提唱的常用语。君，你，此为泛指。天上来：黄河发源于青海，因那里地势极高，故称。

③高堂：在高堂上。另译为父母。朝：早晨。青丝：黑发。

④得意：适意高兴的时候。

⑤须：应当。尽欢：纵情欢乐。

⑥千金：大量钱财。还复来：还会再来。

⑦且为乐：姑且作乐。会须：应当，应该。

⑧岑夫子：指岑（cén）勋。丹丘生：元丹丘。二人均为李白的好友。

⑨杯莫停：一作"君莫停"。

⑩与君：给你们，为你们。君，指岑、元二人。

⑪倾耳听：一作"侧耳听"。倾耳，表示注意去听。

⑫钟鼓：富贵人家宴会中奏乐使用的乐器。馔（zhuàn）玉：美好的食物。形容食物如玉一样精美。馔，食物。玉，像玉一般美好。

⑬不复醒：也有版本为"不用醒"或"不愿醒"。

⑭陈王：即曹植，因封于陈（今河南省周口市淮阳这一带），死后谥"思"，世称陈王或陈思王。

⑮斗酒十千：一斗酒价值十千钱，极言酒的名贵。恣欢谑（xuè）：尽情地娱乐欢饮。恣，放纵、无拘束。谑，玩笑。

⑯ 何为：为什么。言少钱：一作"言钱少"。

⑰ 径须：干脆，只管，尽管。沽（gū）：通"酤"，买或卖，这里指买。

⑱ 五花马：指名贵的马。一说毛色作五花纹，一说颈上长毛修剪成五瓣。千金裘：价值千金的皮衣。

⑲ 将出：拿去。尔：你们，指岑夫子和丹丘生。销：同"消"。万古愁：无穷无尽的愁闷。

译文：

你难道看不见，那黄河之水那从天上奔腾而来，波涛翻滚直奔东海，再也没有回来。

你难道看不见，那年迈的父母，对着明镜悲叹自己的衰老的白发，年轻时的满头青丝如今已是雪白一片。

人生得意之时就应当纵情欢乐，不要让这金杯无酒空对明月。

每个人的出生都一定有自己的价值和意义，黄金千两（就算）一挥而尽，它也还是能够再得来。

我们烹羊宰牛姑且作乐，（今天）一次性痛快地饮三百杯也不为多！

岑夫子，丹丘生啊，请二位快点喝酒吧，举起酒杯不要停下来。

让我来为你们高歌一曲，请你们为我倾耳细听：

整天吃山珍海味的豪华生活有何珍贵，只希望醉生梦死而不愿清醒。

自古以来圣贤无不是寂寞的，只有那会喝酒的人才能够留传美名。

陈王曹植当年设宴平乐观的事迹你可知道，斗酒万千也豪饮，让宾主尽情欢乐。

主人呀，你为何说我的钱不多？只管买酒来让我们一起痛饮。

那些什么名贵的五花良马，昂贵的千金狐裘，把你的小儿喊出来，让他拿去换美酒，让我们一起来消除这无穷无尽的万古长愁！

作品赏析

《将进酒》本是乐府旧题，大抵以"饮酒放歌"为意，李白运用这个旧题，表面上是任达放纵，而全诗以"抱用世之才而不遇合"（萧士赟《分类补注李太白集》）为诗脉，整篇淋漓酣畅地抒发酒兴诗情，实际上还是表达自己的怀才不遇的悲愤，真实地熔铸了诗人的性格情感和艺术个性。诗中形象地表现了诗人桀骜不驯的性格：

一方面对自己充满自信，孤高自傲；一方面在政治前途出现波折后，又流露出纵情享乐之情。诗人在这首诗里演绎庄子的乐生哲学，表示出对富贵、圣贤的藐视。他借题发挥，借酒浇愁，抒发自己的愤激情绪。"表"是在感叹人生易老，"里"则在感叹怀才不遇。全诗气势豪迈，感情奔放，语言流畅，具有很强的感染力。

宣州谢朓楼饯别校书叔云[1]

李白

宣州谢朓楼饯别校书叔云

弃我去者，昨日之日不可留；
乱我心者，今日之日多烦忧。
长风[2]万里送秋雁，对此可以酣高楼[3]。
蓬莱[4]文章建安骨，中间小谢又清发[5]。
俱怀逸兴壮思[6]飞，欲上青天览[7]明月。
抽刀断水水更流，举杯消愁愁更愁[8]。
人生在世不称意[9]，明朝散发弄扁舟[10]。

注释：

①宣州：今安徽宣城一带。谢朓楼：又名北楼、谢公楼，在陵阳山上，谢朓任宣城太守时所建，并改名为叠嶂楼。饯别：以酒食送行。校（jiào）书：官名，即秘书省校书郎，掌管朝廷的图书整理工作。叔云：李白的叔叔李云。

②长风：远风，大风。

③此：指上句的长风秋雁的景色。酣（hān）高楼：畅饮于高楼。

④蓬莱：此指东汉时藏书之东观。

⑤小谢：指谢朓，字玄晖，南朝齐诗人。后人将他和谢灵运并举，称为大谢、小谢。这里用以自喻。清发（fā）：指清新秀发的诗风。发，秀发，诗文俊逸。

⑥俱怀：两人都怀有。逸兴（xìng）：飘逸豪放的兴致，多指山水游兴，超远的意兴。壮思：雄心壮志，豪壮的意思。

⑦览：通"揽"，摘取。一本作"揽"。

⑧消：一本作"销"。更：一本作"复"。

⑨称（chèn）意：称心如意。

⑩明朝（zhāo）：明天。散发（fà）：去冠披发，指隐居不仕。这里是形容狂放不羁。古人束发戴冠，散发表示闲适自在。弄扁舟：乘小舟归隐江湖。扁舟，小舟，小船。

译文：

弃我而去的昨天已不可挽留，

扰乱我心绪的今天使我极为烦忧。

万里长风吹送南归的鸿雁，面对此景，正可以登上高楼开怀畅饮。

你的文章就像汉代文学作品一般刚健清新。而我的诗风，也像谢朓那样清新秀丽。

我们都满怀豪情逸兴，飞跃的神思像要腾空而上高高的青天，去摘取那皎洁的明月。

好像抽出宝刀去砍流水一样，水不但没有被斩断，反而流得更湍急了。我举起酒杯痛饮，本想借酒消去烦忧，结果反倒愁上加愁。

啊！人生在世竟然如此不称心如意，还不如明天就披散了头发，乘一只小舟在江湖之上自在地漂流（退隐江湖）。

作品赏析

这首诗先写虚度光阴、报国无门的痛苦，而后赞美主客双方的才华与抱负，最后以挥洒出世的幽愤作结。全诗感情色彩浓烈，情绪如狂涛漫卷，笔势如天马行空。

诗中抒发年华虚度、壮志难酬的苦闷，盛赞汉代文章、建安风骨及谢朓诗歌的豪情逸兴，最后流露出消极处世的情绪。

诗的开头显得很突兀，因为李白当时很苦闷，所以一见到可以倾诉衷肠的族叔李云（李华），就把满腹牢骚宣泄了出来。李白于天宝初供奉翰林，但在政治上不受重视，又受权贵谗毁，时间不长便弃官而去，过着飘荡四方的游荡生活。十年来的人间辛酸，作客他乡的抑郁和感伤，积聚在心头，今天终于可以一吐为快了。

"长风"两句借景抒情，在秋高气爽之日，目接风送秋雁之境，精神为之一振，烦恼为之一扫，感到心与境合的舒畅，酣饮高楼的豪情油然而生。

"蓬莱"两句承高楼饯别分写主客双方。以"建安骨"赞美李云的文章风格刚健。"中间"是指南朝；"小谢"是指谢朓，因为他在谢灵运（大谢）之后，所以称小谢。这里李白是自比小谢，流露出对自己才能的自信。"俱怀逸兴壮思飞，欲上青天览明月"一句抒发了作者远大的抱负。其中"览"字富有表现力，用了夸张的手法。

"抽刀"一句用来比喻内心的苦闷无法排解，显得奇特而富有创造性。"举杯"一句道出了他不能解脱，只能愁上加愁的不得志的苦闷心情，同时也抒发了离别的悲伤。

最后两句是诗人对现实不满的激愤之词。李白长期处于不称意的苦闷之中，不得不寻求另一种超脱，即"散发弄扁舟"。逃避现实虽不是他的本意，但当时的历史条件和他不愿同流合污的清高放纵的性格，都使他不可能找到更好的出路。这首诗运用了起伏跌宕的笔法，一开始直抒胸中忧愁，表达对现实的强烈不满。既而又转向万里长空，精神一振，谈古论今，以小谢比自己，表露出自己"欲上青天览明月"的远大抱负。接着诗人又从美丽的理想境界回到了苦闷的现实当中，只得无奈地选择逃避现实。全诗大起大落，一波三折，通篇在悲愤之中又贯穿着一种慷慨豪迈的激情，显出诗人雄壮豪放的气概。

春 望

杜甫

春望

国破山河在①，城春草木深②。
感时花溅泪③，恨别④鸟惊心。
烽火连三月⑤，家书抵⑥万金。
白头搔⑦更短，浑欲不胜簪⑧。

作者介绍：

杜甫（712—770年），字子美，自号少陵野老，唐代伟大的现实主义诗人，有"诗圣"之称，与李白合称"李杜"。出生于河南巩县（今巩义市），原籍湖北襄阳。为了与另两位诗人李商隐与杜牧即"小李杜"区分，杜甫与李白又合称"大李杜"，杜甫也常被称为"老杜"。杜甫创作了《登高》《春望》《北征》以及"三吏""三别"等名作。杜甫共有约一千五百首诗歌被保留了下来，大多集于《杜工部集》。

注释:

①国：国都，指长安（今陕西西安）。破：陷落。山河在：旧日的山河仍然存在。

②城：长安城。草木深：指人烟稀少。

③感时：为国家的时局而感伤。溅泪：流泪。

④恨别：怅恨离别。

⑤烽火：古时边防报警的烟火，这里指安史之乱的战火。三月：正月、二月、三月。

⑥抵：值，相当。

⑦白头：这里指白头发。搔：用手指轻轻地抓。

⑧浑：简直。欲：想，要，就要。不胜：受不住，不能。簪：一种束发的首饰。古代男子蓄长发，成年后束发于头顶，用簪子横插住，以免散开。

译文:

都城沦陷只有山河依旧，春日的城区里荒草丛生。

忧心伤感见花开却流泪，怅恨离别鸟鸣令我心悸。

战火硝烟三月不曾停息，家人书信珍贵能值万金。

愁闷心烦只有搔首而已，致使白发疏稀插不上簪。

作品赏析

《春望》反映了诗人杜甫热爱国家、眷念家人的美好情操，意脉贯通而不平直，情景兼具而不游离，感情强烈而不浅露，内容丰富而不芜杂，格律严谨而不板滞，以仄起仄落的五律正格，写得铿然作响，气度浑灏，因而一千二百余年来一直脍炙人口，历久不衰。

这首诗全篇情景交融，感情深沉，而又含蓄凝练，言简意赅，充分体现了"沉郁顿挫"的艺术风格。诗歌结构紧凑，围绕"望"字展开，由登高远望到焦点式的透视，由远及近，感情由弱到强，就在这感情和景色的交叉转换中含蓄地传达出诗人的感叹忧愤。由开篇描绘国都萧索的景色，到眼观春花而泪流，耳闻鸟鸣而怨恨；再写战事持续很久，以致家里音信全无，最后写到自己的哀怨和衰老，环环相生、层层递进，创造了一个能够引发人们共鸣、深思的境界。此诗表现了在典型的时代背景下所生成的典型感受，反映了同时代的人们热爱国家、期待和平的美好愿望，表达了大家一致的内在心声，也展示出诗人忧国忧民、感时伤怀的高尚情感。

山居秋暝[1]

王维

空山[2]新[3]雨后，天气晚来秋。
明月松间照，清泉石上流[4]。
竹喧[5]归浣女[6]，莲动下渔舟。
随意[7]春芳[8]歇[9]，王孙自可留[10]。

作者介绍：

王维（693或694或701—761年），字摩诘，号摩诘居士。河东蒲州（今山西永济）人，祖籍山西祁县。唐朝诗人、画家。他参禅悟理，精通诗书音画，以诗名盛于开元、天宝间，尤长五言，多咏山水田园，与孟浩然合称"王孟"，因笃诚奉佛，有"诗佛"之称。书画特臻其妙，后人推其为南宗山水画之祖。著有《王右丞集》，存诗约四百首。北宋苏轼评云："味摩诘之诗，诗中有画；观摩诘之画，画中有诗。"

注释：

①暝（míng）：日落，天色将晚。
②空山：空旷，空寂的山野。
③新：刚刚。
④清泉石上流：写雨后山泉在岩石上流淌的情景。

⑤竹喧：竹林中笑语喧哗。喧，喧哗。

⑥浣（huàn）女：洗衣服的姑娘。浣，洗涤衣物。

⑦随意：任凭。

⑧春芳：春天的花草。

⑨歇：消散，消失。

⑩王孙：原指贵族子弟，后来也泛指隐居的人。留：居。此句反用淮南小山《招隐士》："王孙兮归来，山中兮不可久留"的意思，王孙实亦自指。反映出作者无可无不可的襟怀。

译文：

空旷的群山沐浴了一场新雨，夜晚降临使人感到已是初秋。

皎皎明月从松隙间洒下清光，清清泉水在山石上淙淙淌流。

竹林喧响知是洗衣姑娘归来，莲叶轻摇想是上游荡下轻舟。

春日的芳菲不妨任随它消歇，秋天的山中隐士自可以久留。

此诗描绘了秋雨初晴后傍晚时分山村的旖旎风光和山居村民的淳朴风尚，表现了诗人寄情山水田园并对隐居生活怡然自得的满足心情，以自然美来表现人格美和社会美。全诗将空山雨后的秋凉、松间明月的光照、石上清泉的声音以及浣女归来竹林中的喧笑声，渔船穿过荷花的动态，和谐完美地融合在一起，给人一种丰富新鲜的感受。它像一幅清新秀丽的山水画，又像一支恬静优美的抒情乐曲，体现了王维诗中有画的创作特点。

这首诗一个重要的艺术手法，是以自然美来表现诗人的人格美和一种理想中的社会之美。表面看来，这首诗只是用"赋"的方法模山范水，对景物做细致感人的刻画，实际上通篇都是比兴。诗人通过对山水的描绘寄慨言志，含蕴丰富，耐人寻味。

赋得古原草送别[1]

白居易

赋得古原草送别

离离[2]原上草,一岁一枯荣[3]。
野火[4]烧不尽,春风吹又生。
远芳侵[5]古道,晴翠[6]接荒城。
又送王孙[7]去,萋萋[8]满别情。

作者介绍：

白居易（772—846年），唐代诗人。字乐天，号香山居士。生于河南新郑，其先太原（今属山西）人，后迁下邽（今陕西渭南东北）。贞元进士，授秘书省校书郎。元和年间任左拾遗及左赞善大夫。后因上表请求严缉刺死宰相武元衡的凶手，得罪权贵，被贬为江州司马。长庆初年任杭州刺史，宝历初年任苏州刺史，后官至刑部尚书。在文学上，主张"文章合为时而著，歌诗合为事而作"，是新乐府运动的倡导者。其诗语言通俗。有《白氏长庆集》传世。

注释：

①赋得：借古人诗句或成语命题作诗，诗题前一般都冠以"赋得"二字。这是古代人学习作诗或文人聚会分题作诗或科举考试时命题作诗的一种方式，称为"赋得体"。

②离离:青草茂盛的样子。

③枯:枯萎。荣:昌荣,茂盛。野草每年都会茂盛一次,枯萎一次。

④野火:焚烧荒野枯草的火。

⑤远芳:草香远播。芳,指野草那浓郁的香气。侵:侵占,长满。

⑥晴翠:草原明丽翠绿。一说阳光照耀下的嫩绿色。

⑦王孙:本指贵族后代,此指远方的友人。

⑧萋萋:形容草木长得茂盛的样子。

译文:

古原上长满茂盛的青草,年年岁岁枯萎了又昌荣。
原野的大火也无法烧尽,春风一吹它又遍地滋生。
远处的春草侵占了古道,阳光下的绿色连着荒城。
我又在这里送友人远去,萋萋芳草尽是离别之情。

作品赏析

《赋得古原草送别》是唐代诗人白居易的成名作。此诗通过对古原上野草的描绘,抒发送别友人时的依依惜别之情。它是一曲野草颂,进而是生命的颂歌。前四句侧重表现野草生命的历时之美,后四句侧重表现其共时之美。全诗章法谨严,用语自然流畅,对仗工整,写景抒情水乳交融,意境浑成,是"赋得体"中的绝唱。"野火烧不尽,春风吹又生"二句更是传诵千古。

此诗作于贞元三年(787年),作者时年十六岁。诗是应考的习作。按科场考试规矩,凡指定、限定的诗题,题目前须加"赋得"二字,作法与咏物相类,须交代清楚题意,起承转合要分明,对仗要精工,全篇要空灵浑成,方称得体。束缚如此之严,故此体向少佳作。据载,作者这年始自江南入京,谒名士顾况时投献的诗文中即有此作。起初,顾况看着这年轻士子说:"米价方贵,居亦弗易。"虽是拿居易的名字打趣,却也有言外之意,说京城不好混饭吃。及读至"野火烧不尽"二句,不禁大为嗟赏,道:"道得个语,居亦易矣。"并广为延誉。(见唐张固《幽闲鼓吹》)可见此诗在当时就为人称道。

酬乐天扬州初逢席上见赠①

刘禹锡

酬乐天扬州初逢席上见赠

巴山楚水②凄凉地,二十三年弃置身③。
怀旧空吟闻笛赋④,到乡翻似烂柯人⑤。
沉舟侧畔千帆过,病树前头万木春⑥。
今日听君歌一曲⑦,暂凭杯酒长精神⑧。

作者介绍:

刘禹锡(772—842年),唐代文学家、哲学家,字梦得,洛阳(今属河南)人,自言系出中山(治今河北定县)。贞元间擢进士第,登博学宏辞科。授监察御史。曾参加王叔文集团,反对宦官和藩镇割据势力,被贬朗州司马,迁连州刺史。后以裴度力荐,任太子宾客,加检校礼部尚书。世称刘宾客。和柳宗元交谊甚深,人称"刘柳";又与白居易多所唱和,并称"刘白"。其诗通俗清新,善用比兴手法寄托政治内容。其《竹枝词》《柳枝词》和《插田歌》等组诗,富有民歌特色,为唐诗中别开生面之作。有《刘梦得文集》。

注释：

①酬：答谢，酬答，这里是指以诗相答的意思。用诗歌赠答。乐天：指白居易，字乐天。见赠：送给（我）。

②巴山楚水：指四川、湖南、湖北一带。古时四川东部属于巴国，湖南北部和湖北等地属于楚国。刘禹锡被贬后，迁徙于朗州、连州、夔州、和州等边远地区，这里用"巴山楚水"泛指这些地方。

③二十三年：从唐顺宗永贞元年（805年）刘禹锡被贬为连州刺史，至宝历二年（826年）冬应召，约二十二年。因贬地离京遥远，实际上到第二年才能回到京城，所以说二十三年。弃置身：指遭受贬谪的诗人自己。置，放置。弃置，贬谪。

④怀旧：怀念故友。吟：吟唱。闻笛赋：指西晋向秀的《思旧赋》。三国曹魏末年，向秀的朋友嵇康、吕安因不满司马氏篡权而被杀害。后来，向秀经过嵇康、吕安的旧居，听到邻人吹笛，不禁悲从中来，于是作《思旧赋》。序文中说：自己经过嵇康旧居，因写此赋追念他。刘禹锡借用这个典故怀念已死去的王叔文、柳宗元等人。

⑤到：到达。翻似：倒好像。翻，副词，反而。烂柯人：指晋人王质。相传晋人王质上山砍柴，看见两个童子下棋，就停下观看。等棋局终了，手中的斧柄（柯）已经朽烂。回到村里，才知道已过了一百年。同代人都已经亡故。作者以此典故表达自己遭贬二十三年的感慨。刘禹锡也借这个故事表达世事沧桑，人事全非，暮年返乡恍如隔世的心情。

⑥侧畔：旁边。沉舟、病树：这是诗人以沉舟、病树自比。

⑦歌一曲：指白居易的《醉赠刘二十八使君》。

⑧长（zhǎng）精神：振作精神。长，增长，振作。

译文：

在巴山楚水这些凄凉的地方，度过了二十三年沦落的光阴。
怀念故友徒然吟诵闻笛小赋，久谪归来感到已非旧时光景。
沉船的旁边正有千艘船驶过，病树的前头却也是万木争春。
今天听了你为我吟诵的诗篇，暂且借这一杯美酒振奋精神。

  《酬乐天扬州初逢席上见赠》显示了诗人对世事变迁和仕宦升沉的豁达襟怀，表现了诗人的坚定信念和乐观精神，同时又暗含哲理，表明新事物必将取代旧事物。

  刘禹锡这首酬答诗，接过白居易赠诗的话头，着重抒写这特定环境中自己的感情。在赠诗中，白居易对刘禹锡的遭遇无限感慨，最后两句说："亦知合被才名折，二十三年折太多。"一方面感叹刘禹锡的不幸命运，另一方面又称赞了刘禹锡的才气与名望。这两句诗，在同情之中又包含着赞美，显得十分委婉。因为白居易在诗的末尾说到二十三年，所以刘禹锡在诗的开头就接着说："巴山楚水凄凉地，二十三年弃置身。"自己谪居在巴山楚水这荒凉的地区，算来已经二十三年了。一来一往，显出朋友之间推心置腹的亲切关系。接着，诗人很自然地发出感慨道："怀旧空吟闻笛赋，到乡翻似烂柯人。"说自己在外二十三年，如今回来，许多老朋友都已去世，只能徒然地吟诵"闻笛赋"表示悼念而已。此番回来恍如隔世，觉得人事全非，不再是旧日的光景了。后一句用王质烂柯的典故，既暗示了自己贬谪时间的长久，又表现了世态的变迁，以及回归之后生疏而怅惘的心情，含义十分丰富。

  白居易的赠诗中有"举眼风光长寂寞，满朝官职独蹉跎"这样两句，意思是说同辈的人都升迁了，只有你在荒凉的地方寂寞地虚度了年华，颇为刘禹锡抱不平。对此，刘禹锡在酬诗中写道："沉舟侧畔千帆过，病树前头万木春。"刘禹锡以沉舟、病树比喻自己，固然感到惆怅，却又相当达观。沉舟侧畔，有千帆竞发；病树前头，正万木皆春。他从白诗中翻出这二句，反而劝慰白居易不必为自己的寂寞、蹉跎而忧伤，对世事的变迁和仕宦的升沉，表现出豁达的襟怀。这两句诗意又和白诗"命压人头不奈何""亦知合被才名折"相呼应，但其思想境界要比白诗高，意义也深刻得多了。二十三年的贬谪生活，并没有使他消沉颓唐。正像他在另外的诗里所写的："莫道桑榆晚，为霞尚满天。"他这棵病树仍然要重添精神，迎上春光。因为这两句诗形象生动，至今仍常常被人引用，并赋予它以新的意义，说明新事物必将取代旧事物。正因为"沉舟"这一联诗突然振起，一变前面伤感低沉的情调，尾联便顺势而下，写道："今日听君歌一曲，暂凭杯酒长精神。"点明了酬答白居易的题意。诗人也没有一味消沉下去，他笔锋一转，又相互劝慰，相互鼓励了。诗人对生活并未完全丧失信心，诗中虽然感慨很深，但读来给人的感受并不是消沉，相反却是振奋。

　　总体来说，诗的首联以伤感低沉的情调，回顾了诗人的贬谪生活。颔联，借用典故暗示诗人被贬时间之长，表达了世态的变迁以及回归以后人事生疏而怅惘的心情。颈联是全诗感情升华之处，也是传诵千古的警句。诗人把自己比作"沉舟"和"病树"，意思是自己虽屡遭贬低，新人辈出，却也令人欣慰，表现出他豁达的胸襟。尾联顺势点明了酬答的题意，表达了诗人重新投入生活的意愿及坚韧不拔的意志。

游子吟

游子吟①

孟郊

慈母手中线,游子身上衣。
临②行密密缝,意恐迟迟归③。
谁言寸草心④,报得三春晖⑤。

作者介绍:

孟郊(751—814年),字东野,湖州武康人(一说洛阳人),唐代著名诗人。

祖先世居洛阳(今河南洛阳),少时隐居嵩山。孟郊两试进士不第,四十六岁时才中进士,曾任溧阳县尉。由于不能舒展他的抱负,遂放迹林泉间,徘徊赋诗,以致公务多废,县令乃以假尉代之。后因河南尹郑余庆之荐,任职河南,晚年生活多在洛阳度过。

唐宪宗元和九年(814年),郑余庆再度招他往兴元府任参军,乃偕妻往赴,行至阌乡县(今河南灵宝),暴疾而卒,葬洛阳东。张籍私谥为"贞曜先生"。

孟郊工诗。因其诗作多写世态炎凉、民间苦难,故有"诗囚"之称,与贾岛并称"郊寒岛瘦"。孟诗现存五百多首,以短篇五古最多。今传本有《孟东野诗集》10卷。

注释：

①游子：古代称远游旅居的人。吟：诗体名称。

②临：将要。

③意恐：担心。归：回来，回家。

④谁言：一作"难将"。言，说。寸草：小草。这里比喻子女。心：语义双关，既指草木的茎干，也指子女的心意。

⑤报得：报答得了。三春晖：春天灿烂的阳光，指慈母之恩。三春，旧称农历正月为孟春，二月为仲春，三月为季春，合称三春。晖，阳光。形容母爱如春天温暖、和煦的阳光照耀着子女。

译文：

慈母用手中的针线，为远行的儿子赶制身上的衣衫。

临行前一针针密密地缝缀，怕的是儿子回来得晚衣服破损。

有谁敢说，子女像小草那样微弱的孝心，能够报答得了像春晖普泽的慈母恩情呢？

作品赏析

沐浴在母爱光辉中的孩子都是幸福的。然而对于孟郊这位常年颠沛流离、居无定所的游子来说，记忆最深的，莫过于母子分离的痛苦时刻了。此诗描写的就是这种时候，慈母缝衣的普通场景，而表现的，却是诗人深沉的内心情感。

开头两句"慈母手中线，游子身上衣"，实际上是两个词组，而不是两个句子，这样写就从人到物，用"线"与"衣"两件极常见、最普通的东西将"慈母"与"游子"紧紧联系在一起，写出母子相依为命的骨肉之情。紧接两句"临行密密缝，意恐迟迟归"，写出了人的动作和意态，把笔墨集中在慈母身上。这里通过慈母为游子赶制出门衣服的动作和心理的刻画，深化了母子的骨肉之情。行前的此时此刻，母亲的千针万线"密密缝"是因为怕儿子"迟迟"难归。慈母的一片深笃之情，正是通过日常生活中的细节自然地流露出来。诗歌朴素自然，亲切感人。这里既没有言语，也没有眼泪，然而一片爱的纯情从这普通常见的场景中充溢而出。

前面四句采用白描手法，不做任何修饰，但慈母的形象真切感人。最后两句是前四句的升华，以当事者的直觉，翻出进一层的深意："谁言寸草心，报得三春晖。"作者直抒胸臆，对母爱做尽情的讴歌。这两句采用传统的比兴手法：儿女像区区小草，母爱如春天阳光。儿女不能报答母爱于万一。悬绝的对比、形象的比喻，寄托着赤子对慈母发自肺腑的炽烈情感。

这是一首母爱的颂歌，在宦途失意的境况下，诗人饱尝世态炎凉，穷愁终身，故愈觉亲情之可贵。"诗从肺腑出，出辄愁肺腑"（苏轼《读孟郊诗》）。这首诗，虽无藻绘与雕饰，然而清新流畅，淳朴素淡中正见其诗味的浓郁醇美。

乐 游 原①

李商隐

乐游原

向晚意不适②,驱车登古原③。
夕阳无限好,只是近④黄昏。

作者介绍：

李商隐（约813—约858年），唐代诗人，字义山，号玉谿生、樊南生，怀州河内（今河南沁阳）人，开成二年（837年）进士及第。曾任县尉、秘书郎和东川节度使判官等职。处于牛李党争的夹缝之中，被人排挤，潦倒终生。诗歌成就很高，所作"咏史"诗多托古以讽，"无题"诗很有名。擅长律、绝，富于文采，具有独特风格，然有用典过多、意旨隐晦之病。有《李义山诗集》。

注释：

①乐游原：在长安（今西安）城南，是唐代长安城内地势最高的地方。汉宣帝立乐游庙，又名乐游苑。登上它可望长安城。乐游原在秦代属宜春苑的一部分，得名于西汉初年。《汉书·宣帝纪》载："神爵三年，起乐游苑。"汉宣帝第一个皇后许氏产后死去葬于此，因"苑"与"原"谐音，乐游苑即被传为"乐游原"。对此《关中记》有记载："宣帝许后葬长安县乐游里，立庙于曲江池北，曰乐游庙，因苑（《长安志》误作葬字）为名。"

②向晚：傍晚。不适：不悦，不快。

③古原：指乐游原。

④近：快要。

译文：

傍晚时心情不快，驾着车登上古原。

夕阳啊无限美好，只是已接近黄昏。

作品赏析

这首诗反映了作者的伤感情绪。当诗人为排遣"意不适"的情怀而登上乐游原时，看到了一轮辉煌灿烂的黄昏斜阳，于是发出感慨。

此诗前两句"向晚意不适，驱车登古原"点明登古原的时间和原因。"向晚"指天色快黑了，"不适"指不悦。诗人心情忧郁，为了解闷，就驾着车子外出眺望风景，于是登上古原，即乐游原。自古诗人词客，善感多思，而每当登高望远，送目临风，更易引动无穷的思绪：家国之悲，身世之感，古今之情，人天之思，往往错综交织，所怅万千，殆难名状。陈子昂一经登上幽州古台，便发出了"念天地之悠悠"的感叹，恐怕是最有代表性的例子了。李商隐这次驱车登古原，却不是为了去寻求感慨，而是为了排遣他此时"向晚意不适"的情怀。

后两句"夕阳无限好，只是近黄昏"描绘了这样一幅画面：余晖映照，晚霞满天，山凝胭脂，气象万千。诗人将时代没落之感，家国沉沦之痛，身世迟暮之悲，一起熔铸于黄昏夕照下的景物画面中。"无限好"是对夕阳下景象的热烈赞美。然而"只是"二字，笔锋一转，转到深深的哀伤之中。这是诗人无力挽留美好事物所发出深长的慨叹。这两句是深含哲理的千古名言，蕴涵了这样一个意旨：景致之所以如此妖娆，正是因为在接近黄昏之时才显得无限美好。这近于格言式的慨叹含义十分深刻，有人认为夕阳是嗟老伤穷、残光末路之感叹；也有人认为此为诗人热爱生命、执着人间而心光不灭，是积极的乐观主义精神。其实，这里不仅是对夕阳下的自然景象而发，也是对时代所发出的感叹。诗人李商隐透过当时唐帝国的短暂繁荣，预见到社会的严重危机，而借此抒发一下内心的无奈感受。这两句诗所蕴含的博大精深的哲理意味，被后世广泛引用；也引申、升华甚至反其意而为之，变消极为积极，化腐朽为神奇，产生全新的意义。因此，它具有极高的美学价值和思想价值。

此诗不用典，语言明白如话，毫无雕饰，节奏明快，感喟深沉，富于哲理，是李诗中少有的，因此也是难能可贵的。

清 明[1]

杜牧

清明

清明时节雨纷纷[2],路上行人欲断魂[3]。
借问[4]酒家何处有?牧童遥指杏花村[5]。

作者介绍:

杜牧(803—852年),唐代诗人,字牧之,京兆万年(今陕西西安)人,宰相杜佑之孙。太和二年(828年)进士,曾为江西观察使、宣歙观察使沈传师和淮南节度使牛僧孺的幕僚,历任监察御史,黄州、池州、睦州刺史,后入为司勋员外郎,官终中书舍人。以济世之才自负。诗文中多指陈时政之作。写景抒情的小诗,多清丽生动。人谓之小杜,和李商隐合称"小李杜",以别于李白与杜甫。有《樊川文集》二十卷传世。

注释:

[1]清明:二十四节气之一,在阳历四月五日前后。旧俗当天有扫墓、踏青、插柳等活动。宫中以当天为秋千节,坤宁宫及各后宫都安置秋千,嫔妃做秋千之戏。

②纷纷：形容多。

③欲断魂：形容伤感极深，好像灵魂要与身体分开一样。断魂，神情凄迷，烦闷不乐。这两句是说，清明时候，阴雨连绵，飘飘洒洒下个不停；如此天气，如此节日，路上行人情绪低落，神魂散乱。

④借问：请问。

⑤杏花村：杏花深处的村庄，具体地址有争议，一说位于安徽池州贵池区秀山门外。受此诗影响，后人多用"杏花村"作酒店名。

译文：

江南清明时节细雨纷纷飘洒，路上羁旅行人个个落魄断魂。

借问当地之人何处买酒浇愁？牧童笑而不答遥指杏花山村。

作品赏析

  这首小诗，一个难字也没有，一个典故也不用，整篇是十分通俗的语言，写得自如之极，毫无经营造作之痕。整首诗音节十分和谐圆满，景象非常清新、生动，而又境界优美、兴味隐跃。诗从篇法讲也很自然，是顺序的写法。第一句交代情景、环境、气氛，是"起"；第二句是"承"，写出了人物，显示了人物凄迷纷乱的心境；第三句是"转"，然而也就提出了如何摆脱这种心境的办法；而这就直接逼出了第四句，成为整篇的精彩所在——"合"。在艺术上，这是由低而高、逐步上升、高潮顶点放在最后的手法。所谓高潮顶点，却又不是一览无余，索然兴尽，而是余韵邈然，耐人寻味。这些，都是诗人的高明之处，也就是值得后人学习继承的地方。

宋代篇

宋代经济发展，城市商业繁荣，文学在这一时期也开启了新篇章。宋词作为一种合乐的新兴诗体，反映了宋代的社会生活和文人面貌，标志着宋代文学的最高成就。宋词在中国文学中仿若一块闪烁着奇光异彩的瑰宝，表现着比诗更为曲折复杂的思想情感，传达着词人细美幽约的内心世界。

宋词是一种相对于古体诗的新体诗歌，为宋代墨客文人的智慧精华，标志着宋代文学的最高成就。宋词句子有长有短，便于歌唱。因是合乐的歌词，故又称曲子词、乐府、乐章、长短句、诗余、琴趣等。

它始于南朝梁代，形成于唐代而极盛于宋代。宋词是中国古代文学皇冠上光辉夺目的明珠，在古代中国文学的阆苑里，它是一座芬芳绚丽的园圃。它以姹紫嫣红、千姿百态的神韵，与唐诗争奇，与元曲斗艳，历来与唐诗并称"双绝"，都代表一代文学之盛。

宋词基本分为婉约派（包括花间派）、豪放派两大类。婉约派的特点，主要是内容侧重儿女风情。结构深细缜密，重视音律谐婉，语言圆润，清新绮丽，具有一种柔婉之美。由于长期以来词多趋于婉转柔美，人们便形成了以婉约为正宗的观念。豪放派的特点，大体是创作视野较为广阔，气象恢宏雄放，喜用诗文的手法、句法和字法写词，语词宏博，用事较多，不拘守音律。

接下来让我们一起欣赏宋词的魅力吧！

水调歌头

苏轼

水调歌头

丙辰②中秋，欢饮达旦③，大醉，作此篇，兼怀子由④。

明月几时有，把酒⑤问青天。不知天上宫阙⑥，今夕是何年。我欲乘风归去⑦，又恐琼楼玉宇⑧，高处不胜⑨寒。起舞弄清影⑩，何似⑪在人间。

转朱阁⑫，低绮户⑬，照无眠。不应有恨，何事长向别时圆？人有悲欢离合，月有阴晴圆缺，此事古难全。但⑭愿人长久，千里共⑮婵娟⑯。

作者介绍：

苏轼（1037—1101年），字子瞻，号东坡居士，世称苏东坡、苏仙、坡仙，汉族，眉州眉山（今四川省眉山市）人。北宋文学家、书法家、美食家、画家，历史治水名人，苏洵的儿子。

苏轼是北宋中期文坛领袖，在诗、词、文、书、画等方面取得了很高成就。诗题材广阔，清新豪健，善用夸张比喻，独具风格，与黄庭坚并称"苏黄"；词开豪放一派，与辛弃疾同是豪放派代表，并称"苏辛"；散文著述宏富，纵横恣肆，豪放自如，与欧阳修并称"欧苏"，与韩愈、柳宗元、欧阳修、苏洵、苏辙、王安石、曾巩合称"唐宋八大家"；善书法，与黄庭坚、米芾、蔡襄合称"宋四家"；擅长文人画，尤擅墨竹、怪石、枯木等。作品有《东坡七集》《东坡易传》《东坡乐府》《潇湘竹石图》《枯木怪石图》等。

注释：

① 水调歌头：词牌名。本文选自《东坡乐府笺》（商务印书馆1958年版）。

② 丙辰：熙宁九年（1076年）。

③ 达旦：直到天明。

④ 子由：苏轼的弟弟苏辙的字。

⑤ 把酒：端起酒杯。

⑥ 天上宫阙：指月中宫殿。阙，古代宫殿前左右竖立的楼观。

⑦ 归去：回到天上去。

⑧ 琼楼玉宇：美玉砌成的楼宇，指想象中的仙宫。

⑨ 不胜：经受不住。

⑩ 弄清影：弄，赏玩。意思是月光下的身影也跟着做出各种舞姿。

⑪ 何似：哪里比得上。

⑫ 朱阁：朱红的华丽楼阁。

⑬ 绮户：雕饰华丽的门窗。

⑭ 但：只。

⑮ 共：一起欣赏。

⑯ 婵娟：月亮。

译文：

丙辰年的中秋节，高兴地喝酒（直）到（第二天）早晨，（喝到）大醉，写了这首（词），同时怀念（弟弟）子由。

明月从何时才有？端起酒杯来询问青天。不知道天上宫殿，今天晚上是哪年。我想要乘御清风回到天上，又恐怕回到月宫的美玉砌成的楼宇之后受不住九天高处的寒冷。起舞翩翩玩赏着月下清影，归返月宫怎比得上在人间。

月儿转过朱红色的楼阁，低低地挂在雕花的窗户上，照着没有睡意的人。明月不该对人们有什么怨恨吧，为何偏在人们离别时才圆呢？人有悲欢离合的变迁，月有阴晴圆缺的转换，这种事自古就难以周全。但愿亲人能平安健康，虽然相隔千里，也能共同欣赏这团圆之夜的明月。

作品赏析

这首词是中秋望月怀人之作,表达了苏轼对胞弟苏辙的无限思念。

此词上片望月,既怀超逸兴致,高接混茫,而又脚踏实地,自具雅量。一开始就提出一个问题:"明月几时有?把酒问青天。"把酒问天这一细节与屈原的《天问》和李白的《把酒问月》有相似之处。其问之痴迷、想之逸尘,确实有一种类似的精、气、神贯注在里面。从创作动因上来说,屈原《天问》洋洋一百七十余问的磅礴诗情,是在他被放逐后彷徨山泽、经历陵陆,在楚先王庙及公卿祠堂仰见"图画天地山川神灵"及"古贤圣怪物行事"后"呵而问之"的(王逸《楚辞章句·天问序》)。是情景触碰激荡的产物。李白的《把酒问月》诗自注是:"故人贾淳令予问之。"应当也是即兴遣怀之作。苏轼此词正如小序中所言是中秋望月,欢饮达旦后的狂想之曲,亦属"伫兴之作"(王国维《人间词话》)。它们都有起得突兀、问得离奇的特点。从创作心理上来说,屈原在步入先王庙堂之前就已经是"嗟号昊旻,仰天叹息"(王逸《楚辞章句·天问序》),处于情感迷狂的精神状态,故呵问青天,"似痴非痴,愤极悲极"(胡濬源《楚辞新注求确》)。李白是"唯愿当歌对酒时,月光长照金樽里"(《把酒问月》),那种因失意怅惘的郁勃意绪,也是鼻息可闻的。苏轼此词作于丙辰年,当时因为反对王安石新法而自请外任密州,既有对朝廷政局的强烈关注,又有期望重返汴京的复杂心情,故时逢中秋,一饮而醉,意兴在阑珊中饶有律动。三人的创作心理实是脉络暗通的。

苏轼把青天当作自己的朋友,把酒相问,显示了他豪放的性格和不凡的气魄。李白的《把酒问月》诗说:"青天有月来几时?我今停杯一问之。"不过李白这里的语气比较舒缓,苏轼因为是想飞往月宫,所以语气更强烈、更迫切。"明月几时有?"这个问题问得很有意思,好像是在追溯明月的起源、宇宙的起源;又好像是在惊叹造化的巧妙。读者从中可以感到诗人对明月的赞美与向往。

接下来两句:"不知天上宫阙,今夕是何年。"把对于明月的赞美与向往之情更推进了一层。从明月诞生之日起到现在已经过去很多年了,不知道在月宫里今晚是一个什么日子?诗人想象那一定是一个好日子,所以月才这样圆、这样亮。他很想去看一看,所以接着说:"我欲乘风归去,又恐琼楼玉宇,高处不胜寒。"唐人称李白为"谪仙",黄庭坚则称苏轼与李白为"两谪仙",苏轼自己也设想前生是月中人,因而起"乘风归去"之想。他想乘风飞向月宫，又怕那里的琼楼玉宇太高了，受不住那儿的寒冷。"琼楼玉宇"，语出《大业拾遗记》："瞿乾祐于江岸玩月，或谓此中何有？瞿笑曰：'可随我观之。'俄见月规半天，琼楼玉宇烂然。""不胜寒"，暗用《明皇杂录》中的典故：八月十五日夜，叶静能邀明皇游月宫。临行，叶叫他穿皮衣。到月宫，果然冷得难以支撑。这几句明写月宫的高寒，暗示月光的皎洁，把那种既向往天上又留恋人间的矛盾心理十分含蓄地写了出来。这里还有两个字值得注意，就是"我欲乘风归去"的"归去"。飞天入月，为什么说是归去呢？也许是因为苏轼对明月十分向往，早已把那里当成自己的归宿了。从苏轼的思想看来，他受道家的影响较深，抱着超然物外的生活态度，又喜欢道教的养生之术，所以常有出世登仙的想法。他的《前赤壁赋》描写月下泛舟时那种飘飘欲仙的感觉说："浩浩乎如冯虚御风，而不知其所止；飘飘乎如遗世独立，羽化而登仙。"也是由望月而想到登仙，可以和这首词互相印证。词人之所以有这种脱离人世、超越自然的奇想，一方面来自他对宇宙奥秘的好奇，另一方面更主要的是来自对现实人间的不满。人世间有如此多的不称心、不满意之事，迫使词人幻想摆脱这烦恼人世，到琼楼玉宇中去过逍遥自在的神仙生活。苏轼后来贬官到黄州，时时有类似的奇想，所谓"小舟从此逝，江海寄余生"。然而，在词中这仅仅是一种打算，并未展开，便被另一种相反的思想打断"又恐琼楼玉宇，高处不胜寒"。这两句急转直下，天上的"琼楼玉宇"虽然富丽堂皇，美好非凡，但那里高寒难耐，不可久居。词人故意找出天上的美中不足，来坚定自己留在人间的决心。一正一反，更表露出词人对人间生活的热爱。同时，这里依然在写中秋月景，读者可以体会到月亮的美好，以及月光的寒气逼人。这一转折，写出词人既留恋人间又向往天上的矛盾心理。这种矛盾能够更深刻地说明词人留恋人世、热爱生活的思想感情，显示了词人开阔的心胸与超远的志向，因此，为词作带来一种旷达的风格。

"起舞弄清影，何似在人间。"苏轼毕竟更热爱人间的生活，与其飞往高寒的月宫，还不如留在人间趁着月光起舞呢！"清影"，是指月光之下自己清朗的身影。"起舞弄清影"，是与自己的清影为伴，一起舞蹈嬉戏的意思。李白《月下独酌》说："我歌月徘徊，我舞影零乱。"苏轼的"起舞弄清影"就是从这里脱胎出来的。"高处不胜寒"并非作者不愿归去的根本原因，"起舞弄清影，何似在人间"才是根本之所在。与其飞往高寒的月宫，还不如留在人间，在月光下起舞，最起码还可以与自己的清影为伴。这首词从幻想上天写起，写到这里又回到热爱人间的感情上来。从"我欲"

到"又恐"至"何似"的心理转折开阖中，展示了苏轼情感的波澜起伏。他终于从幻觉回到现实，在出世与入世的矛盾纠葛中，入世思想最终占了上风。"何似在人间"是毫无疑问的肯定，雄健的笔力显示了情感的强烈。

下片怀人，即兼怀子由，由中秋的圆月联想到人间的离别，同时感念人生的离合无常。"转朱阁，低绮户，照无眠。"转和低都是指月亮的移动，暗示夜已深沉。月光转过朱红的楼阁，低低地穿过雕花的门窗，照到了房中迟迟未能入睡之人。这里既指自己怀念弟弟的深情，又可以泛指那些中秋佳节因不能与亲人团圆以至难以入眠的一切人。"无眠"是泛指那些因为不能和亲人团圆而感到忧伤，以致不能入睡的人。月圆而人不能圆，这是多么遗憾的事啊！于是词人便无理地埋怨明月说："不应有恨，何事长向别时圆？"明月您总不该有什么怨恨吧，为什么总是在人们离别的时候才圆呢？相形之下，更加重了离人的愁苦。这是埋怨明月故意与人为难，给人增添忧愁，无理的语气进一步衬托出词人思念胞弟的手足深情，却又含蓄地表达了对于不幸的离人们的同情。

接着，诗人把笔锋一转，说出了一番宽慰的话来为明月开脱："人有悲欢离合，月有阴晴圆缺，此事古难全。"人有悲欢离合，月也有阴晴圆缺。她有被乌云遮住的时候，有亏损残缺的时候，她也有她的遗憾，自古以来世上就难有十全十美的事。既然如此，又何必为暂时的离别而感到忧伤呢？词人毕竟是旷达的，他随即想到月亮也是无辜的。这三句从人到月、从古到今做了高度的概括。从语气上，好像是代明月回答前面的提问；从结构上，又是推开一层，从人、月对立过渡到人、月融合。为月亮开脱，实质上还是为了强调对人事的达观，同时寄托对未来的希望。因为，月有圆时，人也有相聚之时。很有哲理意味。

词的最后说："但愿人长久，千里共婵娟。""婵娟"是美好的样子，这里指嫦娥，也就是代指明月。"共婵娟"就是共明月的意思，典故出自南朝谢庄的《月赋》："隔千里兮共明月。"既然人间的离别是难免的，那么只要亲人长久健在，即使远隔千里也还可以通过普照世界的明月把两地联系起来，把彼此的心沟通在一起。"但愿人长久"，是要突破时间的局限；"千里共婵娟"，是要打通空间的阻隔。让对于明月的共同的爱把彼此分离的人结合在一起。古人有"神交"的说法，好友天各一方，不能见面，却能以精神相通。"千里共婵娟"也可以说是一种神交了！这两句并非一般的自慰和共勉，而是表现了作者处理时间、空间以及人生这样一些重大问题所持的态度，充分显示出词人精神境界的丰富博大。王勃有两句诗："海内存知己，天涯若比邻。"意味深长，传为佳句，与"千里共婵娟"有异曲同工之妙。另外，张九龄的《望月怀远》说："海上生明月，天涯共此时。"杜牧的《秋霁寄远》说："唯应待明月，千里与君同。"都可以互相参看。但愿人们年年平安，相隔千里也能够共同欣赏这团圆之夜的明月，表达了作者的祝福和对亲人的思念，表现了作者旷达的态度和乐观的精神。苏轼就是把前人的诗意化解到自己的作品中，熔铸成一种普遍性的情感。正如词前小序所说，这首词表达了对弟弟苏辙（字子由）的怀念之情，但并不限于此。可以说，这首词是苏轼在中秋之夜，对一切经受着离别之苦的人表示的美好祝愿。

此篇是苏词代表作之一。从艺术成就上看，它构思奇拔，畦径独辟，极富浪漫主义色彩，是历来公认的中秋词中的绝唱。从表现方面来说，词的前半纵写，后半横叙。上片高屋建瓴，下片峰回路转。前半是对历代神话的推陈出新，也是对魏晋六朝仙诗的递嬗发展。后半纯用白描，人月双及。它名为演绎物理，实则阐释人事。笔致错综回环，摇曳多姿。从布局方面来说，上片凌空而起，入处似虚；下片波澜层叠，返虚转实。最后虚实交错，纡徐作结。全词设景清丽雄阔，以咏月为中心表达了游仙"归去"与起舞"人间"、出尘与入世的矛盾和困惑，以及旷达自适、乐观和美好的愿望，极富哲理与人情。词作立意高远，构思新颖，意境清新如画。最后以旷达情怀收束，是词人情怀的自然流露。整首词情韵兼胜，境界壮美，具有很高的审美价值。此词全篇皆是佳句，典型地体现出苏词清雄旷达的风格。

念奴娇·赤壁怀古 ①

苏轼

念奴娇赤壁怀古

大江②东去,浪淘③尽,千古风流人物④。

故垒⑤西边,人道是,三国周郎⑥赤壁。

乱石穿空,惊涛拍岸,卷起千堆雪⑦。

江山如画,一时多少豪杰。

遥想⑧公瑾当年,小乔初嫁了⑨,雄姿英发⑩。

羽扇纶巾⑪,谈笑间,樯橹⑫灰飞烟灭。

故国神游⑬,多情应笑我,早生华发⑭。

人生如梦,一尊还酹江月⑮。

注释:

① 念奴娇:词牌名。又名"百字令""酹江月"等。赤壁:此指黄州赤壁,一名"赤鼻矶",在今湖北黄冈西。而三国古战场的赤壁,文化界认为在今湖北赤壁市蒲圻县西北。

② 江:指长江。

③ 淘:冲洗,冲刷。

④ 风流人物:指杰出的历史名人。

⑤ 故垒:过去遗留下来的营垒。

⑥周郎：指三国时吴国名将周瑜，字公瑾，少年得志，二十四岁为中郎将，掌管东吴重兵，吴中皆呼为"周郎"。下文中的"公瑾"，即指周瑜。

⑦雪：比喻浪花。

⑧遥想：形容想得很远；回忆。

⑨小乔初嫁了（liǎo）：《三国志·吴志·周瑜传》载，周瑜从孙策攻皖，"得桥公两女，皆国色也。策自纳大桥，瑜纳小桥。"乔，本作"桥"。其时距赤壁之战已经十年，此处言"初嫁"，是言其少年得意，倜傥风流。

⑩雄姿英发（fā）：谓周瑜体貌不凡，言谈卓绝。英发，谈吐不凡，见识卓越。

⑪羽扇纶（guān）巾：古代儒将的便装打扮。羽扇，羽毛制成的扇子。纶巾，青丝制成的头巾。

⑫樯（qiáng）橹：这里代指曹操的水军战船。樯，挂帆的桅杆。橹，一种摇船的桨。"樯橹"一作"强虏"，又作"樯虏"，又作"狂虏"。《宋集珍本丛刊》之《东坡乐府》，元延祐刻本，作"强虏"。延祐本原藏杨氏海源阁，历经季振宜、顾广圻、黄丕烈等名家收藏，卷首有黄丕烈题辞，述其源流甚详。

⑬故国神游："神游故国"的倒文。故国，这里指旧地，当年的赤壁战场。神游，于想象、梦境中游历。

⑭"多情"二句："应笑我多情，早生华发"的倒文。华发（fà），花白的头发。

⑮一尊还（huán）酹（lèi）江月：古人祭奠以酒浇在地上祭奠。这里指洒酒酬月，寄托自己的感情。尊，通"樽"，酒杯。

译文：

大江之水滚滚不断向东流去，淘尽了那些千古风流的人物。在那久远古战场的西边，据说是三国周瑜破曹军的赤壁。四面石乱山高两岸悬崖陡峭，惊涛骇浪猛烈地拍打着对岸，卷起浪花仿佛冬日的千堆雪。江山如此的美丽如图又如画，一时间涌出了多少英雄豪杰。

遥想当年的名将周公瑾，小乔刚刚嫁给他作为妻子，英姿雄健风度翩翩神采照人。他手执羽扇，头着纶巾，从容潇洒地说笑闲谈之间，八十万曹军灰飞烟灭。如今我身临古战场神游往昔，可笑我有如此多的怀古幽思，未老先衰鬓发已斑白。人生如同一场短促的梦，还是让我举起酒杯祭奠这万古长存的明月。

词的上片,着重写景,带出了对古人的怀念。下片,就转入对赤壁之战的中心人物周瑜的歌颂。苏轼写这首词时,距离发生于公元208年的赤壁之战,已有八百多年,他想象着几百年前的往事,用"遥想"两个字把我们引向了遥远的过去。

"公瑾",周瑜的字。"小乔",周瑜的妻,是当时著名的乔氏姊妹中的妹妹。词中提到他们的婚事是为了突出周瑜年轻得意的神态。作者用"雄姿英发"来形容周瑜气度雄伟、人才出众,在作者的想象中,周瑜身着戎装,手摇羽毛扇,头戴着配有黑丝带子的头巾(纶巾),风度潇洒,从容指挥,在说笑之间,轻而易举地就把曹操水军战船烧成灰烬。"樯",帆船上的桅杆。这里用"樯橹"代表曹军的战船。"羽扇纶巾",写出了周瑜的神态。"谈笑间",突出了他的自信和才略,"樯橹灰飞烟灭",六个字就再现了一场历史性的大战。寥寥几笔,显示了作者艺术概括的才能;字里行间,倾注了作者对周瑜的由衷赞赏。

对历史人物的景仰,正包含了对自己现实状况的不满。对比之下,四十七岁的苏轼深为自己不能像周瑜那样年纪轻轻就建立卓著的功业而感叹。他只好用自我嘲笑的口气说:"故国神游,多情应笑我,早生华发。"像他这样,通过想象去经历(神游)那三国(故国)的赤壁之战,人们大概会嘲笑他太富于感情,因而过早地有了花白头发(华发)吧!自嘲之余,一种看破红尘的消极情绪油然而生。"人生如梦,一樽还酹江月。""樽",酒杯。一尊是一杯酒的意思。"酹",洒酒表示祭奠。他忽然觉得,人间不过像梦境一样短暂,不要徒然感叹了,还是给江上永恒的明月,献上一杯酒,伴月痛饮吧!

这首词是苏轼的代表作。虽然结尾流露了消极情绪,但从全词看,气魄宏伟,视野阔大,对壮丽河山的赞美,和对历史英雄人物的歌颂及怀念,构成了豪放的基调。

江城子①·密州②出猎

苏轼

江城子密州出猎

老夫聊发少年狂③,左牵黄④,右擎苍⑤,锦帽貂裘⑥,千骑卷平冈⑦。为报倾城随太守⑧,亲射虎,看孙郎⑨。

酒酣胸胆尚开张⑩,鬓微霜⑪,又何妨?持节云中⑫,何日遣冯唐⑬?会挽雕弓如满月⑭,西北望⑮,射天狼⑯。

注释:

①江城子:词牌名,又名"江神子"。此词双调七十字,上下片各五平韵。

②密州:在今山东省诸城市。

③老夫:作者自称,时年四十。聊:姑且,暂且。狂:狂妄。

④左牵黄:左手牵着黄犬。

⑤右擎苍:右臂托起苍鹰。

⑥锦帽:又名锦蒙帽,锦缎制的帽子。貂裘:貂鼠裘。锦帽貂裘是汉羽林军穿的服装。

⑦千骑(jì)卷平冈:形容马多尘土飞扬,把山岗像卷席子一般掠过。千骑,形容从骑之多。卷,席卷。平冈,指山脊平坦处。

⑧为报:为了报答。太守:古代州府的行政长官,宋代称知州。

⑨孙郎：三国时期东吴的孙权，这里作者自喻。《三国志·吴志·孙权传》载："权将如吴，亲乘马射虎于凌亭，马为虎伤。权投以双戟，虎却废。"

⑩酒酣胸胆尚开张：酒意正浓，胸怀开阔，胆气豪壮。尚，更。一说还，尚且。

⑪鬓如霜：鬓发略微有些发白。霜，白的意思。

⑫持节：带着皇帝的符节命令。节，兵符，传达命令的符节。云中：秦汉时郡名，在今内蒙古自治区托克托县一带。

⑬冯唐：汉文帝时人。他曾向汉文帝陈说云中太守魏尚征战有功，不应当为一点小差错（报功时文书上所载杀敌的数字与实际不符）就治魏尚的罪，而应免罪赏功。汉文帝采纳了冯唐的意见，并派他到云中郡去赦免魏尚的罪，仍然让魏尚担任云中郡太守，还把冯唐升任为车骑都尉。事见《史记·冯唐列传》。苏轼此时任密州太守，故以魏尚自许，希望能得到朝廷的信任。

⑭会：应当。挽：拉。雕弓：弓臂上雕镂花纹的弓。一说"雕弓"指星官，即天弓"弧矢"星，就是对付"天狼"的。《史记·天官书》："弧九星，在狼东南，天之弓也。以伐叛怀远，又主备盗贼之知奸邪者。"《晋书·天文志》："狼一星，在东井南，为野将，主侵掠。"又："弧九星，在狼东南，天弓也，主备盗贼，常向于狼。"满月：形容弓弦拉开时形状像圆月一样。

⑮西北望：天狼星在弧矢星的西北面。

⑯天狼：星名，亦名犬星，在南天，象征侵掠。《史记·天官书》载："狼比地有犬星，曰南极老人。"这里代指辽和西夏。《楚辞·九歌·东君》："长矢兮射天狼。"

译文：

老夫我姑且抒发一下青年人的狂傲之气，左手牵黄狗，右臂架苍鹰，戴着锦帽，穿着貂裘大衣，带领大队人马从平坦的山冈上席卷而过。满城传说太守要去打猎，大家都争着去看。我要亲手射杀猛虎，就像三国时的孙权一样。

酒喝得很畅快，胸襟仍开阔，胆气更豪壮，就算头发微白，那又有什么关系呢？皇帝什么时候才派遣冯唐去云中郡，把边事委托给太守魏尚呢？我将像魏尚一样，把弓拉得如满月形状，瞄准西北面，打击入侵者。

作品赏析

　　此词创作于作者知密州任上,表达了强国抗敌的政治主张,抒写了渴望报效朝廷的慷慨意气和壮志豪情。首三句直出会猎题意,次写围猎时的装束和盛况,然后转写自己的感想:决心亲自射杀猛虎,答谢全城军民的深情厚谊。下片叙述猎后的开怀畅饮,并以魏尚自比,希望能够承担卫国守边的重任。结尾直抒胸臆,抒发杀敌报国的豪迈气概。全词"狂"态毕露,虽不乏慷慨激愤之情,但气象恢宏,一反词作柔弱的格调,充满阳刚之美。

青玉案·元夕①

辛弃疾

青玉案·元夕

东风夜放花千树②。

更吹落、星如雨③,

宝马雕车④香满路。

凤箫⑤声动,玉壶⑥光转,一夜鱼龙舞⑦。

蛾儿雪柳黄金缕⑧。

笑语盈盈⑨暗香⑩去。

众里寻他⑪千百度⑫。

蓦然⑬回首,那人却在,灯火阑珊⑭处。

作者介绍:

辛弃疾(1140—1207年),原字坦夫,后改字幼安,号稼轩,山东东路济南府历城县(今济南市历城区遥墙镇四凤闸村)人。南宋豪放派词人、将领,有"词中之龙"之称。与苏轼合称"苏辛",与李清照并称"济南二安"。辛弃疾生于金国,少年抗金归宋,曾任江西安抚使、福建安抚使等职。著有《美芹十论》《九议》,条陈战守之策。由于与当政的主和派政见不合,后被弹劾落职,退隐山居。开禧北伐前后,相继被起用为绍兴知府、镇江知府、枢密都承旨等职。开禧三年(1207年),辛弃疾病逝,年六十八岁。后赠少师,谥号"忠敏"。

辛弃疾一生以恢复为志,以功业自许,却命运多舛、备受排挤、壮志难酬。但他恢复中原的爱国信念始终没有动摇,而是把满腔激情和对国家兴亡、民族命运的关切、忧虑,全部寄寓于词作之中。其词艺术风格多样，以豪放为主，风格沉雄豪迈又不乏细腻柔媚之处。其词题材广阔又善化用典故入词，抒写力图恢复国家统一的爱国热情，倾诉壮志难酬的悲愤，对当时执政者的屈辱求和颇多谴责；也有不少吟咏祖国河山的作品。现存词六百多首，有词集《稼轩长短句》等传世。

注释：

①元夕：夏历正月十五日为上元节、元宵节，此夜称元夕或元夜。

②花千树：花灯之多如千树开花。

③星如雨：指焰火纷纷，乱落如雨。星，指焰火。形容满天的烟花。

④宝马雕车：豪华的马车。

⑤凤箫：箫的名称。

⑥玉壶：比喻明月，故继以"光转"二字，抑或指灯。

⑦鱼龙舞：指舞动鱼形、龙形的彩灯，即舞鱼舞龙，是元宵节的表演节目。宋代夏竦《奉和御制上元观灯》："鱼龙漫衍六街呈，金锁通宵启玉京。"

⑧蛾儿雪柳黄金缕：皆古代妇女元宵节时头上佩戴的各种装饰品。这里指盛装的妇女。

⑨盈盈：声音轻盈悦耳，亦指仪态娇美的样子。

⑩暗香：本指花香，此指女子们身上散发出来的香气。

⑪他：泛指，当时就包括了"她"。

⑫千百度：千百遍。

⑬蓦然：突然，猛然。

⑭阑珊：零落稀疏的样子。

译文：

入夜，一城花灯好像是春风吹开花儿挂满千枝万树，烟火像是被吹落的万点流星。驱赶宝马拉着华丽车子香风飘满一路。凤箫吹奏的乐曲飘动，与流转的月光在人群之中互相交错，此起彼伏的鱼龙花灯整夜在飞舞。

美人的头上都戴着亮丽的饰物，有的插满蛾儿，有的戴着雪柳，有的飘着金黄的丝缕，她们面带微笑，带着淡淡的香气从人面前经过。在众芳里我千百次寻找她，可都没找着；突然回首，那个人却孤零零地站在灯火稀稀落落之处。

作品赏析

词的上片写景，渲染了元宵之夜一片热闹祥和的景致。一阵东风，吹开了元宵夜的火树银花，有地面上的花千树——无数的火树，而且还有空中如雨而下的彩星——绽放的烟花。在这灯月交辉的光影下，车马喧闹、鼓乐齐鸣，人们载歌载舞，鱼龙百戏轮番上演，真是繁华热闹，令人目不暇接。词人在这儿给大家描绘了一幅绚丽的元宵夜景，色彩斑斓，令人神往。

词的下片由景到人。一个个身着盛装的姑娘们，梳着雾鬓云鬟，戴着蛾儿雪柳，说说笑笑间纷纷走了过去，这些姑娘们都不是词人意中相思之人，词人心中已有一个意中人，可是不在人群之中，词人已搜寻千百遍，却还是未见芳踪。此时，词人黯然神伤，默默回首，想要离去。忽然，眼前一亮，那一角孤灯残火旁站着的姑娘，正是词人魂牵梦系的意中之人啊！

由此篇词作可以看出，辛弃疾虽被世人称为豪放，但绝非粗陋之人，其作为一个儒家文人，在豪放中自有细腻之处。他的这首婉约词也是流传千古的不朽名作。"众里寻他千百度，蓦然回首，那人却在，灯火阑珊处"更是千古名句。

丑奴儿①·书博山②道中壁

辛弃疾

少年不识③愁滋味，爱上层楼。爱上层楼，为赋新词强说愁④。
而今识尽⑤愁滋味，欲说还休。欲说还休⑥，却道天凉好个秋。

注释：

①丑奴儿：词牌名，又名"采桑子"。双调四十四字，前后片各三平韵。

②博山：在今江西省上饶市广丰区西南。

③少年：指年轻的时候。不识：不懂，不知道什么是。

④"为赋"句：为了写出新词，没有愁而硬要说有愁。强（qiǎng），勉强地，硬要。

⑤识尽：尝够，深深懂得。

⑥欲说还休：内心有所顾虑而不敢表达。休，停止。

译文：

人年少时不知道忧愁的滋味，喜欢登高远望。喜欢登高远望，为写一首新词无愁而勉强说愁。

现在尝尽了忧愁的滋味，想说却说不出。想说却说不出，却说好一个凉爽的秋天啊！

作品赏析

词的上片,作者着重回忆少年时代自己不知愁苦,所以喜欢登上高楼,凭栏远眺。首句"少年不识愁滋味",乃是上片的核心。辛弃疾生长在中原沦陷区。青少年时代的他,不仅亲历了人民的苦难,亲见了金人的凶残,同时也深受北方人民英勇抗金斗争精神的鼓舞。他不仅自己有抗金复国的胆识和才略,而且认为中原是可以收复的,金人侵略者也是可以被赶出去的。因此,他不知何为"愁",为了效仿前代作家,抒发一点所谓"愁情",他是"爱上层楼",无愁找愁。

词的下片,表现自己随着年岁的增长,处世阅历渐深,对于这个"愁"字有了真切的体验。作者怀着捐躯报国的志愿投奔南宋,本想与南宋政权同心协力,共建恢复大业。谁知,南宋政权对他招之即来,挥之即去,其心中的愁闷痛楚可以想见。作者连用两句"欲说还休",仍然采用叠句形式,在结构用法上也与上片互为呼应。作者胸中的忧愁不是个人的离愁别绪,而是忧国伤时之愁。而在当时投降派把持朝政的情况下,抒发这种忧愁是犯大忌的,因此作者在此不便直说,只得转而言天气,"天凉好个秋"。这句结尾表面看似轻脱,实则十分含蓄,充分表达了作者心中之"愁"的深沉博大。

破阵子①·为陈同甫②赋壮词以寄之

辛弃疾

破阵子为陈同甫赋壮词以寄之

醉里挑灯看剑③,梦回吹角连营④。八百里分麾下炙⑤,五十弦翻塞外声⑥。沙场秋点兵⑦。

马作的卢⑧飞快,弓如霹雳弦惊⑨。了却君王天下事⑩,赢得生前身后名⑪。可怜⑫白发生。

注释:

①破阵子:词牌名。原为唐玄宗时教坊曲名,出自《破阵乐》,又名"十拍子"等。此调双调六十二字,前后段各五句三平韵。

②陈同甫:陈亮(1143—1194年),字同甫(一作同父),南宋婺州永康(今浙江永康市)人,与辛弃疾志同道合,结为挚友。其词风格与辛词相似。

③挑灯:把灯芯挑亮。看剑:抽出宝剑来细看。

④梦回:梦里遇见,说明下面描写的战场场景,不过是作者旧梦重温。吹角连营:各个军营里接连不断地响起号角声。角,号角,军中乐器,长五尺,形如竹筒,用竹、木、皮、铜制成,外加彩绘,名曰画角。始仅直吹,后用以横吹。其声哀厉高亢,闻之使人振奋。

⑤八百里：指牛。《世说新语·汰侈》篇："王君夫（恺）有牛，名八百里驳，常莹其蹄角。王武子（济）语君夫：'我射不如卿，今指赌卿牛，以千万对之。'君夫既恃手快，且谓骏物无有杀理，便相然可，令武子先射。武子一起便破的，却据胡床，叱左右：'速探牛心来！'须臾炙至，一脔便去。"分麾（huī）下炙（zhì）：把烤牛肉分赏给部下。麾下，部下。麾，军中大旗。炙，切碎的熟肉。

⑥五十弦：古瑟，此处泛指军中乐器。《史记·封禅书》："太帝使素女鼓五十弦瑟，悲，帝禁不止，故破其瑟为二十五弦。"翻：演奏。塞外声：指边地悲壮粗犷的战歌。

⑦沙场：战场。秋：古代点兵用武，多在秋天。点兵：检阅军队。

⑧作：像。的（dì）卢：良马名，一种烈性快马。《相马经》："马白额入口齿者，名曰榆雁，一名的卢。"《三国志·蜀志·先主传》注引《世语》："刘备屯樊城，刘表惮其为人，不甚信用。曾请备宴会，蒯越、蔡瑁欲因会取备，备觉之，潜遁出。所乘马名的卢，骑的卢渡襄阳城西檀溪水中，溺不得出，备急曰：'的卢，今日厄矣，可努力！'的卢乃一踊三丈，遂得过。"

⑨"弓如"句：《南史·曹景宗传》："景宗谓所亲曰：'我昔在乡里，骑快马如龙，与年少辈数十骑，拓弓弦作霹雳声，箭如饿鸱叫，……此乐使人忘死，不知老之将至。'"霹雳，本是疾雷声，此处比喻弓弦响声之大。

⑩了却：了结，把事情做完。君王天下事：统一国家的大业，此处特指恢复中原事。

⑪赢得：博得。身后：死后。

⑫可怜：可惜，可叹。

译文：

醉酒时拨亮灯火端详着宝剑，睡梦里萦绕着座座军营的号角声。将领将鲜美的牛肉分赏给战士烤吃，军乐队演奏的雄壮乐曲激动人心。秋高马肥的时节，战场上正在阅兵。

跨着快如的卢的战马飞驰前行，弓弦的响声就像霹雳轰鸣。本想努力完成收复失地统一天下的大业，争取生前死后都留下为国立功的勋名。可惜已经两鬓白发，却不能报效朝廷。

作品赏析

此词通过追忆早年抗金部队的阵容气概以及作者自己的沙场生涯，表达了杀敌报国、收复失地的理想，抒发了壮志难酬、英雄迟暮的悲愤心情；通过创造雄奇的意境，生动地描绘出一位披肝沥胆、忠贞不贰、勇往直前的将军形象。全词在结构上打破成规，前九句为一意，末一句另为一意，以末一句否定前九句，前九句写得酣恣淋漓，正为加重末一句的失望之情。这种艺术手法体现了辛词的豪放风格和独创精神。

如 梦 令①

李清照

如梦令

昨夜雨疏风骤②，浓睡不消残酒③。
试问卷帘人④，却道海棠依旧。
知否，知否？应是绿肥红瘦⑤。

作者介绍：

李清照（1084—1155年），宋代女词人，号易安居士，齐州章丘（今属山东）人。早期生活优裕，与夫赵明诚共同致力于书画金石的搜集整理。金兵入据中原后，流寓南方，境遇孤苦。所作词，前期多写其悠闲生活，后期多悲叹身世，情调感伤，也流露出对中原的怀念。形式上善用白描手法，独辟蹊径，语言清丽。论词强调协律，崇尚典雅情致，提出词"别是一家"之说，反对以诗文之法作词。并能作诗，留存不多，部分篇章感时咏史，情辞慷慨，与其词风不同。有《易安居士文集》《易安词》，已散佚。后人有《漱玉词》辑本。今人有《李清照集校注》。

注释：

①如梦令，又名"忆仙姿""宴桃源"。五代时后唐庄宗（李存勖）创调。《清真集》入"中

吕调"，三十三字，五仄韵，一叠韵。

②雨疏风骤：雨点稀疏，晚风急猛。疏，指稀疏。

③浓睡不消残酒：虽然睡了一夜，仍有余醉未消。浓睡，酣睡。残酒，尚未消散的醉意。

④卷帘人：有学者认为此指侍女。

⑤绿肥红瘦：绿叶繁茂，红花凋零。

译文：

昨夜雨虽然下得稀疏，风却刮得急猛，沉沉的酣睡却不能把残存的酒力全部消尽。

问那正在卷帘的侍女：庭园里海棠花现在怎么样了？她说海棠花依然和昨天一样。

你可知道，你可知道，这个时节应该是绿叶繁茂，红花凋零了。

作品赏析

这首小词，只有短短六句三十三言，却写得曲折委婉，极有层次。词人因惜花而痛饮，因情知花谢却又抱一丝侥幸心理而"试问"，因不相信"卷帘人"的回答而再次反问，如此层层转折，步步深入，将惜花之情表达得摇曳多姿。

末了的"绿肥红瘦"一语，是全词的精绝之笔，历来为世人所称道。"绿"代替叶，"红"代替花，是两种颜色的对比；"肥"形容雨后的叶子因水分充足而茂盛肥大，"瘦"形容雨后的花朵因不堪雨打而凋谢稀少，是两种状态的对比。本来平平常常的四个字，经词人的搭配组合，竟显得如此色彩鲜明、形象生动，这实在是语言运用上的一个创造。由这四个字生发联想，那"红瘦"正是表明春天的渐渐消逝，而"绿肥"正是象征着绿叶成荫的盛夏的即将来临。这种极富概括性的语言，又实在令人叹为观止。

鹊桥仙①

秦观

鹊桥仙

纤云②弄巧③，飞星④传恨，银汉⑤迢迢⑥暗度⑦。

金风玉露⑧一相逢，便胜却人间无数。

柔情似水，佳期如梦，忍顾⑨鹊桥归路。

两情若是久长时，又岂在朝朝暮暮⑩。

作者介绍：

秦观（1049—1100年），北宋词人。字少游，一字太虚，号邗沟居士，学者称淮海先生。扬州高邮（今属江苏）人。曾任秘书省正字、国史院编修官等职。因政治上倾向于旧党，被目为元祐党人，绍圣（宋哲宗年号，1094—1098年）后遭贬谪。文辞为苏轼所赏识，为"苏门四学士"之一。工诗词，词多写男女情爱，也颇有感伤身世之作，风格委婉含蓄，清丽雅淡。诗风与词相近。有《淮海集》40卷、《淮海居士长短句》(又名《淮海词》)。

注释：

①鹊桥仙：词牌名，又名"鹊桥仙令""金风玉露相逢曲"等。双调五十六字，上下片各两仄韵，一韵到底。上下片首两句要求对仗。

②纤云：轻盈的云彩。

③弄巧：指云彩在空中幻化成各种巧妙的花样。

④飞星：流星。一说指牵牛、织女二星。

⑤银汉：银河。

⑥迢迢：遥远的样子。

⑦暗度：悄悄渡过。

⑧金风玉露：指秋风白露。李商隐《辛未七夕》："恐是仙家好别离，故教迢递作佳期。由来碧落银河畔，可要金风玉露时。"

⑨忍顾：怎忍回头看。

⑩朝朝暮暮：指朝夕相聚。语出宋玉《高唐赋》。

译文：

纤薄的云彩在天空中变幻多端，天上的流星传递着相思的愁怨，（牛郎和织女）今夜悄悄渡过无垠的银河。他们在秋风白露的七夕相会，就胜过尘世间那些长相厮守却貌合神离的夫妻。

缱绻的柔情像流水般绵绵不断，重逢的约会如梦影般缥缈虚幻，分别之时不忍去看那鹊桥路。只要两情至死不渝，又何必贪求卿卿我我的朝欢暮乐呢。

作品赏析

"两情若是久长时，又岂在朝朝暮暮！"秦观这两句词揭示了爱情的真谛：爱情要经得起长久分离的考验，只要能彼此真诚相爱，即使终年天各一方，也比朝夕相伴的庸俗情趣可贵得多。这两句感情色彩很浓的议论，成为爱情颂歌当中的千古绝唱。它们与上片的议论遥相呼应，这样上、下片同样结构，叙事和议论相间，从而形成全篇连绵起伏的情致。这种正确的恋爱观，这种高尚的精神境界，远远超过了古代同类作品，是十分难能可贵的。

雨霖铃[①]

柳永

雨霖铃

寒蝉凄切[②],对长亭[③]晚,骤雨初歇。都门帐饮无绪[④],留恋处[⑤],兰舟[⑥]催发。执手相看泪眼,竟无语凝噎[⑦]。念去去[⑧],千里烟波,暮霭沈沈楚天[⑨]阔。

多情自古伤离别,更那堪[⑩]冷落清秋节!今宵[⑪]酒醒何处?杨柳岸,晓风残月。此去经年[⑫],应是良辰好景[⑬]虚设。便纵有千种风情[⑭],更[⑮]与何人说?

作者介绍:

柳永(约987—约1053年),宋代词人。字耆卿,原名三变,字景庄,崇安(今属福建)人。景祐元年(1034年)进士。官至屯田员外郎。排行第七,世称柳七或柳屯田。为人放荡不羁,终身潦倒。善为乐章,长于慢词。其词多描绘城市风光与歌妓生活,尤长于抒写羁旅行役之情。词风婉约,词作甚丰,是北宋第一个专力写词的词人。柳永创作慢词独多,发展了铺叙手法,在词史上产生了较大的影响,特别是对北宋慢词的兴盛和发展有重要作用。其词作流传极广,有"凡有井水饮处皆能歌柳词"之说。生平亦有诗作,惜传世不多。有《乐章集》。

注释：

①雨霖铃：词牌名，也写作"雨淋铃"，调见《乐章集》。相传唐玄宗入蜀时在雨中听到铃声而想起杨贵妃，故作此曲。曲调自身就具有哀伤的成分。

②凄切：凄凉急促。

③长亭：古代在交通要道边每隔十里修建一座长亭供行人休息，又称"十里长亭"。靠近城市的长亭往往是古人送别的地方。

④都门：国都之门。这里代指北宋的首都汴京（今河南开封）。帐饮：在郊外设帐饯行。无绪：没有情绪。

⑤留恋处：一作"方留恋处"。

⑥兰舟：古代传说鲁班曾刻木兰树为舟（南朝梁任昉《述异记》）。这里用作对船的美称。

⑦凝噎（yē）：喉咙哽塞，欲语不出的样子。

⑧去去：重复"去"字，表示行程遥远。

⑨暮霭（ǎi）：傍晚的云雾。沈沈（chén chén）：同"沉沉"，深厚的样子。楚天：指南方楚地的天空。

⑩那（nǎ）堪：哪能承受，怎能经受。那，通"哪"。

⑪今宵：今夜。

⑫年：年复一年。

⑬良辰好景：一作"良辰美景"。

⑭纵：即使。风情：风采、情怀。亦指男女相爱之情，深情蜜意。情，一作"流"。

⑮更：一作"待"。

译文：

秋后的蝉叫得是那样的凄凉而急促，面对着长亭，正是傍晚时分，一阵急雨刚停住。在京都城外设帐饯别，却没有畅饮的心绪，正在依依不舍的时候，船上的人已催着出发。握着手互相瞧着，满眼泪花，直到最后也无言相对，千言万语都噎在喉间说不出来。想到这回去南方，一程又一程，千里迢迢，一片烟波，那夜雾沉沉的楚地天空竟是一望无边。

自古以来多情的人最伤心的是离别，更何况又逢这萧瑟冷落的秋季，这离愁哪能经受得了！谁知我今夜酒醒时身在何处？怕是只有杨柳岸边，面对凄厉的晨风和黎明的残月了。这一去长年相别，相爱的人不在一起，我料想今后就是春花秋月、良辰美景，对我也如同虚设。纵然有千万种蜜意柔情，又能向谁去倾吐呢？

作品赏析

　　由于得到艺人们的密切合作，柳永能变旧声为新声，在唐五代小令的基础上，创制了大量的慢词，使宋词开始了一个新的发展阶段。这首词调名《雨霖铃》，盖取唐时旧曲翻制。据《明皇杂录》云，安史之乱时，唐玄宗避地蜀中，于栈道雨中闻铃音，起悼念杨贵妃之思，"采其声为《雨霖铃》曲，以寄恨焉"。王灼《碧鸡漫志》卷五云："今双调《雨霖铃慢》，颇极哀怨，真本曲遗声。"在词史上，双调慢词《雨霖铃》最早的作品，当推此首。

　　柳永词长于铺叙，有些作品失之于平直浅俗，然而此词却能做到"曲处能直，密处能疏，鼙处能平，状难状之景，达难达之情，而出之以自然"（冯煦《六十一家词选例言》论柳永词）。像"兰舟催发"一语，可谓兀傲排奡，但其前后两句，却于沉郁之中自饶和婉。"今宵"三句，寄情于景，可称曲笔，然其前后诸句，却似直抒胸臆。前片自第四句起，写情至为缜密，换头却用提空之笔，从远处写来，便显得疏朗清远。词人在章法上不拘一格，变化多端，因而全词起伏跌宕，声情双绘，付之歌喉，亦能打动人心。

满江红①

岳飞

满江红

怒发冲冠②,凭栏③处、潇潇④雨歇。抬望眼、仰天长啸⑤,壮怀⑥激烈。三十功名尘与土⑦,八千里路云和月⑧。莫等闲⑨、白了少年头,空悲切⑩。

靖康耻⑪,犹未雪;臣子恨,何时灭?驾长车、踏破贺兰山⑫缺。壮志饥餐胡虏⑬肉,笑谈渴饮匈奴⑭血。待从头、收拾旧山河,朝天阙⑮。

作者介绍:

岳飞（1103—1142年）,字鹏举,相州汤阴（今河南省汤阴县）人。南宋时期抗金名将、军事家、战略家、民族英雄、书法家、诗人,位列南宋"中兴四将"之首。

岳飞是南宋杰出的统帅,他重视人民的抗金力量,缔造了"连结河朔"之谋,主张黄河以北的民间抗金义军和宋军互相配合,以收复失地;治军赏罚分明,纪律严整,又能体恤部属,以身作则,率领的"岳家军"号称"冻死不拆屋,饿死不掳掠"。金军有"撼山易,撼岳家军难"的评语,以示对岳家军的由衷敬佩。

岳飞的文才同样卓越,其代表词作《满江红》是千古传诵的爱国名篇,后人辑有文集传世。

注释：

①满江红：词牌名，又名"上江虹""念良游""伤春曲"等，双调九十三字。

②怒发（fà）冲冠：气得头发竖起，以至于将帽子顶起，形容愤怒至极。

③凭栏：身倚栏杆。

④潇潇：形容雨势急骤。

⑤长啸：大声呼叫。啸，蹙口发出声音。

⑥壮怀：奋发图强的志向。

⑦"三十"句：谓自己年已三十，得到的功名如同尘土一样微不足道。三十，是概数。功名，或指岳飞攻克襄阳六郡以后节节高升之事。

⑧"八千"句：形容南征北战，路途遥远，披星戴月。八千，是概数，极言沙场征战行程之远。

⑨等闲：轻易，随便。

⑩空悲切：即白白地哀痛。

⑪靖康耻：宋钦宗靖康二年（1127年），金兵攻陷汴京，虏走徽、钦二帝。靖康，宋钦宗赵桓的年号。

⑫贺兰山：贺兰山脉，中国境内有两座山脉名贺兰山，一座在河北，一座在宁夏。一说是位于宁夏回族自治区与内蒙古自治区交界处的贺兰山，当时被金兵占领；一说是位于河北省境内的贺兰山。据史料考证岳飞足迹未到过宁夏贺兰山，而岳飞抗金活动区域曾在河北贺兰山。

⑬胡虏：对女真族入侵者的蔑称。

⑭匈奴：古代北方民族之一，这里指金入侵者。

⑮朝天阙（què）：朝见皇帝。天阙，本指宫殿前的楼观，此指皇帝居住的地方。明代王熙书《满江红》词碑作"朝金阙"。

译文：

我怒发冲冠登高倚栏杆，一场潇潇急雨刚刚停歇。抬头放眼四望辽阔一片，仰天长声啸叹，壮怀激烈。三十年勋业如今成尘土，征战千里只有浮云明月。莫虚度年华白了少年头，只有独自悔恨悲悲切切。

靖康年的奇耻尚未洗雪，臣子愤恨何时才能泯灭。我只想驾御着战车踏破贺兰山敌人营垒。将士们同仇敌忾饿吃敌军的肉，笑谈蔑敌渴饮敌军的血。我要从头彻底地收复旧日河山，再回京阙向皇帝报捷。

作品赏析

此词上片写作者悲愤中原重陷敌手，痛惜前功尽弃的局面，也表达自己继续努力，争取壮年立功的心愿。

开头五句，起势突兀，破空而来。胸中的怒火在熊熊燃烧，不可阻遏。这时，一阵急雨刚刚停止，作者站在楼台高处，正凭栏远望。他看到那已经收复却又失掉的国土，想到了重陷水火之中的百姓，不由得"怒发冲冠"，"仰天长啸"，"壮怀激烈"。"怒发冲冠"是艺术夸张。作者表现出如此强烈的愤怒情感并不是偶然的，这是他的理想与现实发生尖锐激烈矛盾的结果。他面对投降派的不抵抗政策，义愤填膺。岳飞之怒，是金兵侵扰中原，烧杀掳掠的罪行所激起的雷霆之怒；岳飞之啸，是无路请缨，报国无门的忠愤之啸；岳飞之怀，是杀敌为国的宏大理想和豪壮襟怀。这几句一气贯注，生动地描绘了一位忠臣义士忧国忧民的英雄形象。

接着四句激励自己，不要轻易虚度这壮年光阴，争取早日完成抗金大业。"三十"一句，是对过去的反省，表现作者渴望建立功名、努力抗战的思想。三十多岁正当壮年，古人认为这时应当有所作为，可是，岳飞悔恨自己功名还与尘土一样，没有什么成就。宋朝以"三十之节"为殊荣，然而岳飞梦寐以求的并不是建节封侯，身受殊荣，而是渡过黄河，收复国土，完成抗金救国的神圣事业。正如他自己所说的"誓将直节报君仇"，"不问登坛万户侯"，对功名感觉不过像尘土一样，微不足道。"八千"一句，是说不分阴晴，转战南北，在为收复中原而战斗。这是对未来的瞻望。"云和月"是特意写出，说出师北伐是十分艰苦的，任重道远，尚须披星戴月，日夜兼程，才能"北逾沙漠，喋血虏廷"，赢得抗金的最后胜利。上一句写视功名为尘土，下一句写杀敌任重道远，个人为轻，国家为重，生动地表现了作者强烈的爱国热忱。"莫等闲"二句与"少壮不努力，老大徒伤悲"的意思相同，反映了作者积极进取的精神。这对当时抗击金兵、收复中原的斗争，显然起到了鼓舞斗志的作用；与主张议和、偏安江南、苟延残喘的投降派，形成了鲜明的对照。这既是岳飞的自勉之辞，也是对抗金将士的鼓励和鞭策。

此词下片运转笔端，抒写词人对于民族敌人的深仇大恨，统一祖国的殷切期盼，忠于朝廷即忠于祖国的赤诚之心。

过片一片壮怀，喷薄倾吐。"靖康耻"四句突出全词中心，由于没有雪"靖康"之耻，岳飞发出了心中的恨何时才能消除的感慨。靖康之耻，实指徽钦二帝被掳，犹不得还，故接言抱恨无穷。这也是他要"驾长车踏破贺兰山缺"的原因，又把"驾长车踏破贺兰山缺"具体化了。从"驾长车"到"笑谈渴饮匈奴血"都以夸张的手法表达了对凶残敌人的愤恨之情，同时，表现了作者英勇的信念和大无畏的乐观精神。

"壮志"二句把收复山河的宏愿，把艰苦的征战，以一种乐观主义精神表现出来。这一联微嫌合掌，然不如此不足以畅其情，尽其势。它没有让人感到复沓的原因，在于其中有一种真气在。"待从头"二句，既表达了对胜利的渴望和信心，也说明了对朝廷和皇帝的忠诚。岳飞在这里不直接说凯旋、胜利等语，而用了"收拾旧山河"，显得有诗意又形象。一腔忠愤，碧血丹心，从肺腑倾出，以此收拾全篇，神完气足，无复毫发遗憾。

这首词代表了岳飞精忠报国的英雄之志，词句中尽显雄壮之气，表达了作者忧国报国的壮志胸怀。它作为爱国将领的抒怀之作，情调激昂，慷慨壮烈，充分表现了中华民族不甘屈辱、奋发图强、雪耻若渴的神威，从而成为反侵略战争的名篇。

明清篇

明清时期，中国的封建大一统王朝专制统治进一步加强，同时又受到外来文化的冲击，文化更加多元，文学也表现出多样化的风格。

明代文学包括诗歌、散文、小说、戏剧等各个领域，逐渐出现全面上扬的势头。而且，在倡导个性解放，要求摆脱礼教束缚、肯定人的自然欲望、重视表现真实情感等方面，这些不同类型的文学都显示出鲜明的一致性。

清代文学较之以往各代异常繁富，甚至可谓驳杂。一方面是元明以来新兴的小说、戏曲，入清之后依然蓬勃发展，另一方面是元明以来已经呈现弱势的诗、古文，乃至已经衰落的词、骈文，入清之后又重新振兴起来。清代文学是以往各类文体之总汇，呈现出一种蔚为大观的集大成景象。

接下来让我们一起欣赏明清文学的魅力吧！

教条示龙场诸生（节选）

王阳明

教条示龙场诸生（节选）

志不立，天下无可成之事。虽百工技艺，未有不本①于志者。今学者旷废②隳惰③，玩岁愒时④，而百无所成，皆由于志之未立耳。故立志而圣，则圣⑤矣；立志而贤⑥，则贤矣；志不立，如无舵之舟，无衔之马，漂荡奔逸，终亦何所底乎？昔人有言："使为善而父母怒之，兄弟怨之，宗族乡党⑦贱恶之，如此而不为善，可也。为善则父母爱之，兄弟悦之，宗族乡党敬信之，何苦而不为善、为君子？使为恶而父母爱之，兄弟悦之，宗族乡党敬信之，如此而为恶，可也。为恶则父母怒之，兄弟怨之，宗族乡党贱恶之，何苦必为恶、为小人？"诸生念⑧此，亦可以知所立志矣。

作者介绍：

王守仁（1472—1529年），汉族，幼名云，字伯安，别号阳明。浙江绍兴府余姚县（今属宁波余姚）人，因曾筑室于会稽山阳明洞，自号阳明子，学者称之为阳明先生，亦称王阳明。明代著名的思想家、文学家、哲学家和军事家，陆王心学之集大成者，精通儒学、道学、佛学。王守仁和孔子、孟子、朱熹并称为孔、孟、朱、王。其学术思想传至日本、朝鲜半岛以及东南亚，产生了重要而深远的影响。王阳明集立功、立德、立言于一身，成就冠绝有明一代。谥文成，故后人又称王文成公。

注释:

①本:当作根本。

②旷废:荒废学业。

③隳(huī)惰:懒惰散漫。

④玩岁愒时:虚度光阴。

⑤圣:成为圣人。

⑥贤:成为贤人。

⑦乡党:乡亲。

⑧念:深思。

译文:

志向不能立定,天下便没有可做得成功的事情。即使是从事手工业劳动的人,也没有不以立志为根本的。现在的读书人,旷废学业,堕落懒散,贪玩而荒费时日,因此百事无成,这都是由于志向未能立定罢了。所以立志做圣人,就可以成为圣人了;立志做贤人,就可成为贤人了。志向没有立定,就好像没有舵木的船,没有衔环的马,随水漂流,任意奔逃,最后又到什么地方为止呢?古人所说:"假使做好事可使父母为他愤怒,兄弟怨恨他,族人乡亲轻视厌恶他,如像这样就不去做好事,是可以的。做好事就使父母疼爱他,兄弟喜欢他,族人乡亲尊敬信服他,何苦却不做好事、不做君子呢?假使做坏事可使父母疼爱他,兄弟喜欢他,族人乡亲尊敬信服他,如像这样就做坏事,是可以的。做坏事就使父母为他愤怒,兄弟怨恨他,族人乡亲轻视厌恶他,何苦一定要做坏事、做小人呢?"各位同学想到这点,也可以知道为君子应立定怎样的志向了。

作品赏析

阳明先生年少时就立圣贤之志,先生明白什么可为,什么不可为,即使在当时的污浊官场中,仍能保持自己的良知。

权宦刘瑾横行时,阳明先生上谏书,批刘瑾罪状,最后被贬官,还差点在路上出意外。阳明先生固然知道自己九死一生,但心中的良知要求他这样做。

后来阳明先生在龙场先后经历强盗打劫和看到路上死人的尸骨，想到了自己的宦海沉浮，再想到整个人生的跌宕。在这些生死的冲击下，之前官场里的争斗都不过是一场云烟，那些权力之争，金钱与利益，在生死面前一文不值。阳明先生想透彻了。

　　龙场十九年悟道，阳明先生的心已经修炼得至善至纯，权力与金钱，不是他追求的，他只想万世太平，但靠他一人是远远不够的，于是著书立说，想将这些致良知的学问教给更多的人，让更多的人立圣贤之志。

　　这就是王阳明心学的起源，也是他写《教条示龙场诸生》的背景与初心。

笠翁对韵（节选）

笠翁对韵（节选）

李渔

一 东

天对地，雨对风。大陆对长空。山花对海树①，赤日对苍穹②。雷隐隐③，雾蒙蒙。日下对天中。风高秋月白④，雨霁晚霞红。牛女二星河左右⑤，参商两曜斗西东⑥。十月塞边，飒飒寒霜惊戍旅⑦；三冬江上，漫漫朔雪⑧冷渔翁。

作者介绍：

李渔（1611—1680年），原名仙侣，字谪凡，号天徒，后改名渔，字笠鸿，号笠翁，别号觉世稗官、笠道人、随庵主人、湖上笠翁等。金华兰溪（今属浙江）人，生于南直隶雉皋（今江苏如皋）。明末清初文学家、戏剧家、戏剧理论家、美学家。素有才子之誉，世称"李十郎"。

李渔曾设家戏班，至各地演出，从而积累了丰富的戏曲创作、演出经验，创立了较为完善的戏剧理论体系，成为休闲文化的倡导者、文化产业的先行者。一生著述五百多万字。其戏曲论著《闲情偶寄》，以结构、词采、音律、宾白、科诨、格局六方面论戏曲文学，以选剧、变调、授曲、教白、脱套五方面论戏曲表演，对中国古代戏曲理论有较大的丰富和发展。另有《笠翁十种曲》(含《风筝误》)、《无声戏》(又名《连城璧》)、《十二楼》、《笠翁一家言》等作品。此外，他还批阅《三国志》，改定《金瓶梅》，倡编《芥子园画传》等。

注释：

①海树：海边的树。（南齐）谢朓诗："暧暧江村见，离离海树出。"

②苍穹：苍，青色。穹（qióng），穹隆，原意是高大圆顶的空间。这里借指天空。苍穹即青天。《尔雅·释天》："穹苍，苍天也。"

③雷隐隐：隐隐，雷声或车声。旧题司马相如《长门赋》："雷隐隐而响起兮，象君主之车音。"古诗《孔雀东南飞》："府吏马在前，新妇车在后，隐隐何甸甸，俱会大道口。"

④秋月白：白，今读阳平，古入声字，所以是仄声。白居易诗："东船西舫悄无言，唯见江心秋月白。"

⑤"牛女"句：牛，牵牛星。女，织女星。河，银河。《古诗十九首》："迢迢牵牛星，皎皎河汉女。"

⑥"参商"句：参和商是二十八宿中的两宿。商即辰，也即是心宿。参宿在西方，心宿居东方，古人往往把亲友久别难逢比为参商。杜甫诗："人生不相见，动如参与商。"斗，指二十八宿之一的斗宿，不是北斗。两曜，古人把日、月、五星称七曜，曜就是星。又解，《左传·昭元年》载，传说高辛氏有二子，长阏（yān）伯，季实沉。兄弟不睦，日寻戈矛。帝迁阏于商丘，主辰；迁沉于大夏，主参，使之永不相遇。

⑦戍旅：古代守边的士卒。

⑧朔雪：北方的雪。南朝（宋）鲍照学刘公干体诗五首之三："胡风吹朔雪，千里度龙山。"（唐）戴叔伦吊畅当诗："朔雪恐迷新冢草，秋风愁老故山薇。"

河对汉①，绿对红。雨伯对雷公②。烟楼对雪洞，月殿对天宫。云叆叇③，日曈曚④。蜡屐⑤对渔篷。过天星⑥似箭，吐魄月⑦如弓。驿旅客⑧逢梅子雨⑨，池亭人挹藕花风⑩。茅店村前，浩月⑪坠林鸡唱韵；板桥路上，青霜锁道马行踪。

注释：

①河对汉：河，黄河。汉，汉水。由于河可以借指银河，汉也可借指银河。（宋）秦观词："纤云弄巧，飞星传恨，银汉迢迢暗度。"

②雨伯对雷公：雨伯、雷公是古代神话中的雨神和雷神。雨伯原称雨师，为了属对工整，这里把师改作伯。

③叆叇（ài dài）：浓云蔽日之状。木华《海赋》："叆叇云布。"

④曈曚（tóng méng）：太阳将出天色微明的样子。

⑤蜡屐（jī）：古人穿的一种底下有齿的木鞋，以蜡涂抹其上，叫蜡屐。晋人阮孚性旷达，一次，客人来访，正赶上他在以蜡涂屐，并且心情平静、自言自语地说："未知一生当著几两（双）屐。"后世就成了典故。谢灵运亦有登山蜡屐。

⑥过天星：这里指流星（陨星）。过，可平仄两读，这里读平声。

⑦吐魄月：魄，又作霸，月球被自身遮掩的阴影部分。古人对月的圆缺道理不理解，以为月里有只蟾蜍，是由它反复吞吐造成的。吐魄月就是刚被吐出的月，指新月，所以说它如弓。李白诗："蟾蜍薄太清，蚀此瑶台月。圆光亏中天，金魄遂沦落。"

⑧驿旅客：驿（yì），古代官府设立的招待往来官员的旅舍（shè）。驿旅客指住在驿舍的旅客。

⑨梅子雨：即梅雨、黄梅雨。江南当梅子黄时，阴雨连绵，故称黄梅雨。（宋）贺铸词："一川烟草，满城风絮，梅子黄时雨。"

⑩"池亭"句：挹（yì），酌酒。这句的意思是：荷花香气阵阵吹来，人们在亭台上饮酒。（元）王恽（yùn）诗："石池正当户，人立藕花风。"

⑪浩月：浩，通"皓"。月光茫茫的样子。是从（唐）温庭筠《商山早行》中"鸡声茅店月，人迹板桥霜"两句诗隐括出来的。

山对海，华对嵩①。四岳对三公②。宫花对禁柳③，塞雁对江龙。清暑殿④，广寒宫⑤。拾翠⑥对题红⑦。庄周梦化蝶⑧，吕望兆飞熊⑨。北牖⑩当风停夏扇，南帘曝日省冬烘⑪。鹤舞楼头，玉笛弄残仙子月⑫；凤翔台上，紫箫吹断美人风⑬。

注释：

①华对嵩：华，读去声，西岳华山。嵩（sōng），中岳嵩山。

②四岳句：四岳，传说尧时分掌四时、方岳的官。三公，古代天子以下最大的三个官员，各代的职位名称并不一致，如周朝以太师、太傅、太保为三公，西汉以大司马、大司徒、大司空为三公，东汉又以太尉、司徒、司空为三公，等等。四岳又释指东岳泰山、西岳华山、南岳衡山、北岳恒山。三公又释为星名。《晋书·天文志上》："三公在北三星曰九卿内坐，主治万事。"

③禁柳：古代皇帝居住的城苑禁止百姓出入，所以称禁宫；禁柳即宫廷中的柳树。（唐）钱起诗："二月黄鹂飞上林，春城紫禁晓阴阴。长乐钟声花外尽，龙池柳色雨中深。"后二句之花、柳即宫花、禁柳。

④清暑殿：《宋书·符瑞志》："清暑爽立，云堂特起。"相传三国时吴有避暑宫，夏日清凉不热。

⑤广寒宫：古代神话，月中有宫殿，名叫广寒清虚之府，也称广寒宫。（唐）鲍溶诗："夜深星月伴芙蓉，如在广寒宫里宿。"

⑥拾翠：曹植《洛神赋》："或采明珠，或拾翠羽。"原指拾找像翡翠一样的羽毛，后来把青年妇女采集鲜花野草也称作拾翠，如杜甫诗"佳人拾翠春相问"，（宋）张先词："芳洲拾翠暮忘归，秀野踏青来不定"。

⑦题红：刘斧《青琐高议》载：（唐）僖宗时士人于祐，偶然中从御沟流水上拾到一片红叶，上面题有两句诗："流水何太急，深宫尽日闲。殷勤谢红叶，好去到人间。"于祐和了两句："曾闻叶上题红怨，叶上题诗寄阿谁？"放在上游，红叶随水又流入宫中。后于祐娶得宫中韩夫人为妻，谈及此事，其妻倍感惊异，原来当年题诗红叶的就是她。于是她又题了一首诗："一联佳句随流水，十载幽思满素怀。今日却成鸾凤友，方知红叶是良媒。"

⑧"庄周"句：庄周，我国战国时期著名的哲学家、文学家。他的思想表面上是达观的，实质上是消极悲观的。他曾写道："昔者庄周梦为蝴蝶，栩栩然蝴蝶也；自喻适志与，不知周也。俄然觉，则蘧（qú）蘧然周也。不知周之梦为蝴蝶与，蝴蝶之梦为周与？周与蝴蝶则必有分矣，此之谓物化。"后人常用这个典故，如李白诗："庄周梦蝴蝶，蝴蝶为庄周。"（唐）李商隐诗："庄周晓梦迷蝴蝶，望帝春心托杜鹃。"

⑨"吕望"句：吕望，即太公望，又称姜太公，他曾辅佐周文王、武王，最后灭掉商纣，建立了西周王朝。传说周文王一夜梦见飞熊进帐，经人占卜，说是将得到贤人的吉兆。第二天出猎，果然遇到姜太公。

⑩北牖：牖（yǒu），窗户。北牖，北窗。

⑪"南帘"句：曝（pù），晒。曝日即晒太阳。冬烘，原意是指人头脑不清，（宋）范成大诗："长官头脑冬烘甚，迄汝青钱买酒回。"这里借来同"夏扇"对仗，就是冬天的火炉的意思。

⑫"鹤舞"二句：（唐）李白诗："黄鹤楼头吹玉笛，江城五月落梅花。"《齐谐记》："仙人子安曾驾鹤经过黄鹤楼。"楼旧址在武昌黄鹤矶上，为古时游览胜地。

⑬"凤翔"二句：《列仙传》载："秦穆公有女名弄玉，好道。时有人名萧史，善吹箫作鸾凤鸣。穆公把女嫁给萧史，并为他们筑了一座凤凰台。萧史教弄玉以箫吹凤鸣声，凤凰聚止其屋。一日，萧史乘龙，弄玉跨凤，双双升仙而去。"后人在诗歌中经常引用这个掌故。如李白的《凤台曲》："尝闻秦帝女，传得凤凰声。是日逢仙子，当时别有情。人吹彩箫去，天借绿云迎。曲在身不返，空余弄玉名。"

二 冬

晨对午，夏对冬。下饷①对高舂②。青春对白昼，古柏对苍松。垂钓客，荷锄翁③。仙鹤对神龙。凤冠珠闪烁，螭带④玉玲珑。三元⑤及第才千顷⑥，一品当朝⑦禄万钟⑧。花萼楼⑨间，仙李盘根调国脉⑩；沉香亭畔，娇杨擅宠起边风⑪。

注释：

①下饷：饷（xiǎng），饭。下饷，下午饭。这里指下午。

②高舂（chōng）：《淮南子·天文训》："（日）至于渊虞，是谓高舂；至于连石，是谓下舂。"注："高舂，……民碓（duì，古时捣米的器具）舂时也。"相当于现在的薄暮。

③"垂钓"二句：垂钓客，垂竿钓鱼的人。荷（hè），担着，扛着。陶渊明有"晨兴理荒秽，戴月荷锄归"的诗句。此处荷锄翁恐指陶渊明。这样，前面的垂钓客可能指的是严光。光，字子陵，西汉末、东汉初人，光武帝刘秀的老友，刘秀即位，曾请他出来做官，他不肯，归隐于富春山中，耕钓自乐，富春江上有子陵滩，相传为他的垂钓处。

④螭带：螭（chī），古代传说中一种无角的龙。螭带，带钩上雕有螭纹的玉带。

⑤三元：封建科举考试，乡试第一称解（jiè）元，会试第一称会元，殿试第一称状元，连续考得三个第一，就是所谓连中三元、三元及第。

⑥才千顷：形容人才学之广。《元史·黄溍传》有"澄湖不波，一碧万顷"的说法。这里用"千顷"，可能是出于平仄的需要。

⑦一品当朝：古代宰相为一品官爵。

⑧禄万钟：禄，古代官吏的薪俸。钟是古代称粮的容积单位，每钟盛六斛四斗，万钟极言其多。

⑨花萼楼：萼（è），花萼的简称。花萼，由若干萼片组成，包在花瓣外面，花开时托着花冠。花萼楼，为唐明皇所建，兄弟五人曾宴乐其间。

⑩"仙李"句："仙李盘根大"是杜甫的一句诗。唐朝皇族姓李，杜甫用这句诗比喻皇族子孙繁衍，江山永固。调国脉，调脉指中医诊脉治病，调国脉是说治理国家、左右国家的命运。古人曾有"上医医国"的说法。

⑪"沉香亭"二句：沉香亭，唐禁苑中的一座亭台。娇杨，指杨玉环（贵妃）。擅宠，即专宠，排挤掉别人，使皇帝只讨她一个人欢心。这两句讲的是：唐明皇早年宠爱杨贵妃，日夜同她饮酒作乐，不理朝政。他曾命人在沉香亭旁遍植牡丹，花开时，同杨妃到亭上饮酒赏花。李白有《清平调》三首，就是咏此事的，其中第三首是："名花倾国两相欢，常得君王带笑看。解释春风无限恨，沉香亭北倚栏杆。"不久，安禄山从渔阳起兵叛乱，唐王朝自

此走上了下坡路。下联末句的起边风，就是指安禄山的叛乱。

清对淡，薄①对浓。暮鼓对晨钟②。山茶对石菊③，烟锁对云封。金菡萏④，玉芙蓉⑤。绿绮⑥对青锋⑦。早汤先宿酒，晚食继朝饔⑧。唐库金钱能化蝶⑨，延津宝剑会成龙⑩。巫峡浪传，云雨荒唐神女庙⑪；岱宗遥望，儿孙罗列丈人峰⑫。

注释：

①薄：今读阳平，古入声字，药韵，意同"淡"。

②"暮鼓"句：宋欧阳修诗："但见丹霞翠壁远近映楼阁，晨钟暮鼓杳霭罗幡幢。"暮鼓晨钟，本指寺院僧众撞钟击鼓，但杜甫有"欲觉闻晨钟，令人发深省"的诗句，后遂用指言论警策，发人深省。

③石菊：二字今读阳平，古均为入声字，石属陌韵，菊属屋韵。

④金菡萏：菡萏（hàn dàn）同下联的芙蓉（fú róng）都是荷花的别称。李白诗："镜湖三百里，菡萏发荷花。"称它们为金、为玉，是指用金属或玉石雕成的荷花，如（宋）林洪诗："仙人掌上玉芙蓉。"

⑤芙蓉：植物名。锦葵科木槿属，落叶大灌木或亚乔木。高约五米，叶掌状浅裂，表面有薄毛。晚秋的清晨开白、红、黄各色花，黄昏时变为深红色，大而美艳，可供观赏，与叶均可入药。或称为木芙蓉，又为荷花的别名。

⑥绿绮：相传是汉末蔡邕的琴名。又说相传汉朝司马相如作《玉如意赋》，梁王赐给他绿绮琴。又释为用以代称音色材质俱佳的琴。李白诗："蜀僧抱绿绮，西下峨眉峰。为我一挥手，如听万壑松。"

⑦青锋：剑名。

⑧朝饔：饔（yōng），熟食，或专指早饭。朝饔，即早饭。

⑨"唐库"句：苏鹗（è）《杜阳杂编》里说：唐穆宗时，殿前种千叶牡丹，开放时香气袭人。穆宗夜宴，有无数黄白蝴蝶飞集花间，天明即飞去。人们张网捕捉数百，天明都变成了金玉，后来打开宝橱，发现皆库中金银所化。

⑩"延津"句：《晋书·张华传》载：（晋）张华问雷焕，斗牛之间为何常有异气，雷焕说异气是宝剑之精，出自豫章丰城。张华补雷焕丰城令，雷焕在丰城牢狱地基下掘得一石函，中有两口宝剑，以南昌西山土拭之，光彩艳发，送其一与张华留，一自佩。张华死后，他的剑也失踪了。后雷焕的儿子佩另一口剑经过延平津，剑忽然从腰中跳出沉没水中，使人入水寻找，剑没找到，只见数丈长的两条龙。

⑪"巫峡"二句：旧题宋玉《高唐赋》，说楚国先王曾游高唐之观，梦中见一神女，神女临行时说她是巫山之女，"旦为朝云，暮为行雨，朝朝暮暮，阳台之下"。王为立庙，号朝云庙。后人多以巫山神女故事歌咏爱情。浪传，犹如空传，意思是宋玉讲的神女不过是个寓言而已，并无其事。杜甫诗："江山故宅空文藻，云雨荒台岂梦思。"

⑫"岱宗"二句：岱宗，即泰山，古人以它为群山之首，所以称它为宗。杜甫《望岳》诗："岱宗夫如何？齐鲁青未了。"后半句也是从杜诗变化出来的。杜甫七律《望岳》的原句是："西岳危棱竦处尊，诸峰罗立如儿孙。"不过这里描写的是西岳华山，而不是东岳泰山。丈人峰，山峰名。位在泰山上，因形状像老人，所以称为丈人峰。

繁对简，叠对重。意懒对心慵①。仙翁对释伴②，道范对儒宗。花灼灼，草茸茸③。浪蝶对狂蜂。数竿君子竹④，五树大夫松⑤。高皇⑥灭项凭三杰⑦，虞帝承尧殛四凶⑧。内苑佳人，满地风光愁不尽；边关过客，连天烟草憾无穷。

注释：

①心慵（yōng）：慵，困倦，懒。心慵，与懒意思相同。

②释伴：释教即佛教；释伴犹如说道侣，同修一道的伙伴。

③茸（róng）：草初生的样子。

④君子竹：古人认为，竹劲节虚心，有君子之德。（晋）王子猷（徽之）喜种之，有人问他，他说："何可一日无此君！"

⑤"五树"句：《史记》记载，秦始皇登泰山，遇到暴风雨，躲在一棵松树下避雨，于是封该树为"五大夫"松。

⑥高皇：高皇，汉高祖刘邦。

⑦三杰：指张良、萧何、韩信。

⑧"虞帝"句：古史传说，唐尧年老把帝位让给虞舜，舜即位后，流放了四个坏人，即共工、驩（"欢"的异体）兜、三苗和鲧（gǔn），就是四凶。殛（jí），杀死，或说放逐。此字今读阳平，古入声字，职韵。

三　江

奇对偶，只对双。大海对长江。金盘对玉盏，宝烛对银釭①。朱漆槛，碧纱窗。舞调对歌腔。兴汉推马武②，谏夏著龙逢③。四收列国群王伏④，三筑高城众敌降⑤。跨凤登台，潇洒仙姬秦弄玉⑥；斩蛇当道⑦，英雄天子汉刘邦。

注释：

①釭（gāng）：烛。

②"兴汉"句：马武是汉光武帝的将军，在建立东汉王朝的斗争中起过一定的作用。

③"谏夏"句：龙逄（páng），即关龙逄，传说是夏桀王的大臣。他见夏桀无道，淫佚暴虐，曾强力谏争，结果被夏桀处死。

④"四收"句：据旧注，这句说的是北宋初大将曹彬，他曾同潘美等将帅一道，伐灭了后蜀、南汉、南唐及北汉等五代时的地方割据政权，帮助宋太祖统一了天下。

⑤"三筑"句：初唐张仁愿，中宗朝人，曾统领朔方军与突厥族的侵扰进行斗争，使突厥不敢过山牧马。筑三受降城，以威北敌焉。

⑥"跨凤"二句：弄玉故事，见东韵第三章"凤翔"二句注。秦穆公女楼上吹箫，与夫萧史跨凤升仙而去。

⑦"斩蛇"句：《史记·高祖本纪》记载，刘邦初起，酒醉夜行，先行者报告说有长蛇拦路，刘邦上前杀死长蛇，路遂通。后有一老太婆在斩蛇处夜哭，人们询问，她说是自己的儿子是白帝子，变化为蛇，被赤帝子杀害了。这可能是当时拥护刘邦的人编造出来的迷信故事。

颜对貌，像对庞①。步辇②对徒杠③。停针对搁竺④，意懒对心降⑤。灯闪闪，月幢幢⑥。揽辔⑦对飞艭⑧。柳堤驰骏马，花院吠村龙⑨。酒量微酣琼杏颊，香尘没印玉莲跫⑩。诗写丹枫⑪，韩女幽怀流节水；泪弹斑竹，舜妃遗憾积涠江⑫。

注释：

①庞：面庞。

②步辇（niǎn）：辇，古时用人力拉的车，步辇，古代皇帝乘坐的人力拉的车。

③徒杠：徒是徒步行走的意思，杠（gāng，古有此音），本指抬轿用的杠棒，这里借代轿子，徒杠就是轿子。杠还有桥意，《玉篇·木部》："杠，石杠，今之桥也。"《正字通·木部》："杠，小桥谓之徒杠，谓衡木以度也。"焦循正义："凡独木曰杠，骈木者曰桥。"徒杠，只可容人步行通过的木桥。

④搁竺（zhú）：未详。竺，疑当作杼，杼是织布用的梭子，搁杼即放下梭子，与停针可以成对。

⑤心降（xiáng）：降，安稳、平和，心降就是心里安稳、平和。《诗·召南·草虫》："我心则降。"

⑥幢幢（chuáng）：朦胧的样子。

⑦揽辔：控制马匹缰绳。曹植《赠白马王彪》诗："欲还绝无蹊，揽辔止踟蹰（chí chú）。"晋刘琨扶风歌："揽辔命徒侣，吟啸绝岩中。"

⑧艭（shuāng）：船只。（明）袁宏道《和小修》诗："露梢千缕扑斜窗，黄笙藤枕梦吴艭。"

⑨村尨（máng）：尨，长毛狗，或说杂色的狗。《诗·召南·野有死麕》："勿使尨也吠。"此处泛指狗，村尨即村狗。

⑩"香尘"句：晋石崇豪富骄奢，多蓄婢妾，布香尘于地，令诸姬行其上，以试鞋底之大小。玉莲，比况女人的脚。跄（shuāng），徘徊竦立。引申为脚。

⑪"丹枫"句：典故见东韵第三章"拾翠"句注。

⑫泪弹二句：古代神话传说，帝舜的两个妃子娥皇和女英，居住在洞庭之山，舜南巡死于苍梧之野，二妃尽日啼哭，泪洒竹上，竹染了泪斑，这就是今天的湘妃竹。漓（yú）江，水名。

四　真

莲对菊，凤对麟。浊富对清贫。渔庄对佛舍，松盖对花茵。萝月叟①，葛天民②。国宝对家珍。草迎金埒马③，花醉玉楼人。巢燕三春尝唤友，塞鸿八月始来宾④。古往今来，谁见泰山曾作砺⑤；天长地久，人传沧海几扬尘⑥。

注释：

①萝月叟：意思是月下走在藤萝盘绕的山路上的老人。李白《下终南山过斛斯山人宿置酒》："暮从碧山下，山月随人归……绿竹入幽径，青萝拂行衣。"

②葛天民：葛天氏时代的人。葛天氏，古史传说中远古时期的一个帝王。陶渊明《五柳先生传》："无怀氏之民欤？葛天氏之民欤？"都是说无忧无虑、无拘无束的人们。

③"草迎"句：金埒（liè），埒即勒，马具。（晋）王济（王武子）有养马的癖好，编钱以为马埒，人称金埒。常乘马，不渡水，曰："是必惜锦幛泥。"去之，马乃渡水。

④"塞鸿"句：《礼记·月令》仲秋之月（八月）："鸿雁来。"称之为宾，因为塞北才是雁的家乡，经过中原好像客人一样。

⑤谁见泰山曾作砺（lì）：砺，磨刀石。汉代封功臣、皇帝封爵的誓词有"黄河如带，泰山如砺。国以永宁，爰（yuán）及苗裔"的话，意思是遥远无期，不可能出现的情况。

⑥沧海几扬尘：《神仙传》载，仙人麻姑在蔡经家见到王远，说自己曾见东海三为桑田，目前东海水又浅，大约要变成陆地。王远叹息说：圣人都说海中将要扬起尘土了。

兄对弟，吏对民。父子对君臣。勾丁①对甫甲②，赴卯③对同寅④。折桂客⑤，簪花⑥人。四皓⑦对三仁⑧。王乔云外鸟⑨，郭泰雨中巾⑩。人交好友求三益⑪，士有贤妻备五伦⑫。文教南宣，武帝平蛮开百越⑬；义旗西指，韩侯扶汉卷三秦⑭。

注释：

①勾丁：勾即捉拿、逮捕。勾丁，抓丁拉夫。

②甫甲：甫，开始；甲是十干的第一个，也是开始的意思。甫甲，似应为刚入伍，方与勾丁成对。

③赴卯：古代官府把检查出勤情况叫做点卯（因为卯时日出，开始工作），赴卯犹如今天说上班。

④同寅：同僚。

⑤折桂客：晋都诜（shēn）举贤，对策最优，自己夸口说："犹桂林之一枝，昆山之片玉。"后因以考试得中为折桂。

⑥簪花：也是说古代殿试得中，则赏令簪花，以显其荣。

⑦四皓：见齐韵第一章"甪里先生"注。

⑧三仁：殷商末年，有微子、箕子、比干三个贤人。三人劝谏纣王，均不被采纳。纣王的庶兄微子逃往国外，叔父箕子和比干，箕子装疯被贬为奴隶，比干因进谏而被杀，俱以仁德见称于世。孔子评价他们说"殷有三仁"。

⑨"王乔"句：《后汉书》载，汉人王乔做叶县县令，有神术，每月两次朝见皇帝。皇帝对他来去这么迅速感到惊异，叫人暗地观察。有人报告，王乔每次来朝，只见有一对凫雁飞来。人们用网捕捉这双飞雁，却只捉得了一只鞋。

⑩"郭泰"句：（汉）郭泰是个有名望的人物，一次遇雨，头巾折起一角，人们以为他是有意这样做的，很雅观，于是效之，故意把头巾折起一角，称为"宗林（郭泰字）巾"。

⑪三益：《论语》记载，孔子说："益者三友，友直、友谅、友多闻，益矣。"

⑫五伦：古代社会人与人之间的五种关系，即父子有亲，君臣有义，夫妇有别，长幼有序，朋友有信。

⑬"文教"二句：文教，文明、教化；南宣，推广到南方。汉武帝时，统一南方百越之地，议立南海、苍梧等九郡。百越，古代散居南方各地越族的总称，居住两广、海南岛一带。如

汉时有闽越、瓯越、南越、骆越等。其文化特征为断发、文身、契臂、巢居、使舟及铸铜鼓等。亦作百粤。

⑭"义旗"二句：韩侯，即韩信。在刘邦和项羽争夺天下的斗争中，韩信作为刘邦的将领，曾南北转战，立下了很大功劳。在他刚刚被举用的时候，曾劝说刘邦，略定三秦。刘邦听从他的意见，尽得关中之地，为楚汉之争的胜利打下了基础。三秦，战国时秦的国土，在今陕西。秦亡后，项羽把关中地分为三份，封秦降将章邯为雍王于咸阳以西，司马欣为塞王于咸阳以东，董翳为翟王于上郡，合称为三秦。

申对午，侃①对訚②。阿魏对茵陈③。楚兰对湘芷④，碧柳对青筠⑤。花馥馥，叶蓁蓁⑥。粉颈对朱唇。曹公奸似鬼⑦，尧帝智如神⑧。南阮才郎差北富⑨，东邻丑女效西颦⑩。色艳北堂，草号忘忧忧甚事⑪；香浓南国，花名含笑⑫笑何人。

注释：

①侃（kǎn）：和乐的样子。

②訚（yín）：这里指态度庄重的样子。（字典中解释，形容和颜悦色而能直言。）《论语》中记载孔子："朝，与下大夫言，侃侃如也；与上大夫言，訚訚如也。"

③"阿魏"句：阿魏与茵陈是两味中药名。

④"楚兰"句：兰和芷都是香草，产在古代楚国。湘江在楚国境内，因称芷为湘芷。屈原的诗歌中经常提到这两种香草，用它比喻品行高洁的人物。

⑤筠（yún）：原意是青色的竹皮，这里指竹。

⑥蓁蓁：茂盛的样子。《诗·周南·桃夭》："桃之夭夭，其叶蓁蓁。"

⑦"曹公"句：曹公即曹操。历史上说其人奸伪，人称如鬼。

⑧"帝尧"句：《史记》上说，帝尧十分聪明，"其智如神"。

⑨"南阮"句：晋洛阳阮氏，阮籍和阮咸叔侄居道南，家贫，而多才；其他阮姓宗族居道北，家富。七月七日，北阮晒衣服，光彩夺目。阮咸也以竹竿把大布裤衩挑了出来。人问其故，他说："未能免俗，聊复尔耳。"阮籍，著名诗人。阮咸也是当时名流。（唐）戴叔伦《旅次寄湘南张郎中》："闭门茅底偶为邻，北阮那怜南阮贫。"

⑩"东邻"句：《庄子》里的一则寓言说，美女西施因胸痛，经常抚胸皱眉。东邻丑女也学西施的样子，在人前故意卖弄，却引得人们更加讨厌她。颦（pín），皱眉。

⑪"色艳"二句：忘忧草，即萱（xuān）草，一种百合科植物，古人以为植此花可以忘忧。《诗·卫风·伯兮》："焉得萱草，言树之背。"背即北堂。

⑫含笑：花名。

五 文

忧对喜，戚对欣。二典对三坟①。佛经对仙语，夏耨②对春耘。烹早韭，剪春芹。暮雨对朝云。竹间斜白接③，花下醉红裙。掌握灵符五岳箓④，腰悬宝剑七星纹⑤。金锁未开，上相趋听宫漏永⑥；珠帘半卷，群僚仰对御炉薰。

注释：

①"二典"句：二典指《尚书》中的《尧典》《舜典》两篇。《三坟》，传说是三皇之书。（汉）孔安国《书经序》："伏羲、神农、黄帝之书，谓之《三坟》，言大道也。"南朝梁刘勰《文心雕龙·原道》："炎皞遗事，纪在《三坟》，而年世渺邈，声采靡追。"

②耨（nòu）：古代锄草的器具。

③"竹间"句：（晋）山简为人狂放，做襄阳太守时，经常骑马出游，衣冠颠倒。当时有首民谣说："山公时一醉，径造高阳池。日暮倒载归，茗芋（酩酊）无所知。复能乘骏马，倒著白接篱。"白接，即白接篱，毯巾名，当时一种帽子。李白《襄阳歌》"落日欲没岘山西，倒著接篱花下迷"，即咏山简此事。

④"掌握"句：道教传说，修炼到一定程度的道士，可以握三山五岳灵符，统领鬼神。箓（lù）：簿子、册子；符箓：道士画的驱避邪魔的符号、帖子。

⑤七星纹：宝剑上嵌饰的北斗图案。

⑥宫漏：铜壶滴漏，古代宫中计时的用具。唐戴叔伦《春日早朝应制》："月沉宫漏静，雨湿禁花寒。"

词对赋，懒对勤。类聚对群分①。鸾箫对凤笛，带草②对香芸③。燕许笔，韩柳文④。旧话对新闻。赫赫周南仲⑤，翩翩晋右军⑥。六国说成苏子贵⑦，两京收复郭公勋⑧。汉阙陈书，侃侃忠言推贾谊⑨；唐廷对策，岩岩直谏有刘蕡⑩。

注释：

①"类聚"句：《周易·系辞》："方以类聚，物以群分。"

②带草：相传东汉末年郑康成曾在不其城东南山中教授，所居山下生一种草，叶长尺余，十分坚韧，人们叫它作"康成书带"。

③香芸：香草能避蠹（dù）。

④"燕许笔"二局：燕许笔，（唐）张说封为燕国公，苏颋（tǐng）封为许国公，二人以文章名世，时人称大手笔。柳韩，（唐）柳宗元、韩愈，文章绝代。

⑤"赫赫"句：南仲是周宣王时的大将，他曾率兵击败侵犯周国的少数民族猃狁。猃狁（xiǎn yǔn），我国古代北部的民族，殷时称鬼方，周时称猃狁，秦汉时称匈奴。《诗·小雅·出车》赞扬他"赫赫南仲，猃狁于襄（攘）。"赫赫，威武的样子。

⑥"翮翮"句：翮（hé)，一作翯翯，风流潇洒的样子。晋右军，即晋王羲之，著名书法家。他曾做过右军将军，所以，人们称他为王右军。

⑦"六国"句：战国时，苏秦以合纵术说服了山东六国诸侯，佩六国相印，为总约长。

⑧"两京"句：（唐）郭子仪率兵平息"安史之乱"，收复了长安、洛阳两京，后以功封为汾阳王。

⑨"汉阙"二句：西汉贾谊是个年青的卓有远见的政治家，他曾上疏汉文帝，直切地指出汉王朝的危机，建议及早采取措施补救。

⑩"唐廷"二句：唐文宗太和二年（828年），举贤良方正百余人，在皇帝面前对策。进士刘蕡慷慨直言，切中时弊。但由于考官惧怕宦官的势力，不敢录取。同时对策的河南府参军李郃上疏，宁可把自己的官职让给刘蕡。后来因宦官的陷害，刘蕡终竟被贬死。刘蕡获得了许多正直的知识分子的同情，如诗人李商隐就有《哭刘蕡》诗。

言对笑，绩对勋。鹿豕对羊羵①。星冠对月扇，把袂②对书裙③。汤事葛④，说兴殷⑤。萝月对松云。西池青鸟使⑥，北塞黑鸦军⑦。文武成康为一代⑧，魏吴蜀汉定三分⑨。桂苑秋宵，明月三杯邀曲客⑩；松亭夏日，薰风一曲奏桐君⑪。

注释：

①羵（fén）：相传春秋时鲁大夫季康子掘井，得一土缶，中有羊焉。以问仲尼，仲尼曰："土之怪，羵羊也。"

②把袂：袂，衣袖。把袂比喻把臂或握手。南朝梁元帝与萧挹书："何时把袂，共披心腹？"南朝梁何逊赠江长史别诗："饯道出郊垌，把袂临洲渚。"

③书裙：晋羊欣年十三，右军爱其才。昼卧，右军书其白练裙，羊欣视为珍宝，揣摩学习，因此书法遂大进。后以书裙称誉人的书法，或指文人间的相互雅赏爱慕。(宋）苏轼《会客有美堂，周邠长官与数僧同泛湖往北山诗》二首之二："载酒无人过子云，掩关昼卧客书裙。"

④汤事葛：这是《孟子》中的一句。汤，成汤，商朝的第一个王。葛，汤时小国。传说葛伯不祀鬼神，汤曾帮助他祭祀。

⑤说兴殷：说（yuè），傅说，商代人。传说他是奴隶，为人筑护路堤坝，后来商王武丁发现了他的才干，举以为三公。

⑥"西池"句：《汉武内传》载，仙人西王母临降人间之前，先有青鸟飞来通报。所以，后来诗词中多以青鸟为传达爱情信息的使者。如李商隐诗："蓬莱此去无多路，青鸟殷勤为探看。"西池，传说西王母住在西方昆仑山的瑶池。

⑦"北塞"句：唐李克用统领的守塞军队都穿黑色衣甲，号"黑鸦军"。

⑧"文武"句：文、武、成、康，西周初的四个王，史称是承平之世。

⑨三分：汉代以后魏、蜀、吴三国鼎立。

⑩曲客：指酒友。曲，造酒的媒质。

⑪"薰风"句：桐君，古琴名。因桐木可作琴，故以桐君为琴的代称。薰风，传说帝舜得五弦琴，作《南风歌》，有"南风之薰兮，可以解吾民之愠兮"等语。

作品赏析

此书是古人学习诗词的韵律、对仗、组织词语的启蒙读物，共分两卷，按韵分编，包罗天文、地理、花木、鸟兽、人物、器物等的虚实应对。从单字对到双字对、三字对、五字对、七字对到十一字对，声韵协调，朗朗上口，从中得到语音、词汇、修辞的训练。从单字到多字的层层属对，较之其他全用三言、四言句式更见韵味。作者李渔号笠翁，因此，此书名叫《笠翁对韵》。

人间词话——人生三境界

王国维

人间词话——人生三境界

古今之成大事业、大学问者，必经过三种之境界："昨夜西风凋碧树，独上高楼，望尽天涯路"，此第一境也。"衣带渐宽终不悔，为伊消得人憔悴"，此第二境也。"众里寻他千百度，蓦然回首，那人却在灯火阑珊处"，此第三境也。

作者介绍：

王国维（1877—1927年），初名国桢，字静安、伯隅，初号礼堂，晚号观堂，又号永观，谥忠悫。汉族，浙江省海宁州（今浙江省嘉兴市海宁）人。世代清寒，幼年为得中秀才苦读。早年屡应乡试不中，遂于戊戌风气变化之际弃绝科举。1901年赴日本留学。1906年随罗振玉入京，任清政府学部总务司行走、图书馆编译、名词馆协韵等。其间，著有《人间词话》等。

王国维早年追求新学，接受资产阶级改良主义思想的影响，把西方哲学、美学思想与中国古典哲学、美学相融合，研究哲学与美学，形成了独特的美学思想体系，继而攻词曲戏剧，后又治史学、古文字学、考古学。郭沫若称他为新史学的开山。

清华前校长梅贻琦曾说:"所谓大学者,非谓有大楼之谓也,有大师之谓也。"历史烟云中的北大、清华,在清末至民国的大半个世纪中,可谓群贤毕至,大师云集,而王国维正是其中最为闪耀的传奇人物之一。

曾在北大、清华这两所中国最高的学府执教的王国维先生,学贯中西,纵观古今,对哲学、文学、考古、翻译、戏曲、教育等领域,都有非常高的建树,为后人留下许多极有研究价值的著作。

作品赏析

第一境界:昨夜西风凋碧树,独上高楼,望尽天涯路——确立目标,定准方向。此句出自北宋晏殊《蝶恋花(槛菊愁烟兰泣露)》。

原词如下:

> 槛菊愁烟兰泣露,
> 罗幕轻寒,燕子双飞去。
> 明月不谙离恨苦。
> 斜光到晓穿朱户。
> 昨夜西风凋碧树。
> 独上高楼,望尽天涯路。
> 欲寄彩笺兼尺素。
> 山长水阔知何处。

此词描绘一种孤独寂寞之感,然登楼远眺,一条道路伸向遥远的天际,似含无尽之希望。意喻治学之始,必须耐得住寂寞,高瞻远瞩,不断求索。

这告诉我们:要先明白、弄清自己想要、想得到的是什么,这一步很重要,现在常常听人说选择比努力更重要,也就是这个道理,方向一旦清楚了,接下来很容易。好的选择是成功的一半,认准目标、把握好方向,就在实现自己理想的道路上少走了许多弯路,更容易接近成功。

第二境界:衣带渐宽终不悔,为伊消得人憔悴——艰苦奋斗,持之以恒。此句出自北宋柳永《蝶恋花(伫倚危楼风细细)》。

原词如下:

　　　　　伫倚危楼风细细,
　　　　　　望极春愁,
　　　　　　黯黯生天际。
　　　　　草色烟光残照里,
　　　　　无言谁会凭栏意。
　　　　　拟把疏狂图一醉,
　　　　　　对酒当歌,
　　　　　　强乐还无味。
　　　　　衣带渐宽终不悔,
　　　　　为伊消得人憔悴。

　　此词道尽情人间的相思之苦,情有所钟,虽形容憔悴、衣带渐宽,亦无怨无悔。意喻治学之过程,须坚忍不拔,执着隐忍。不忘初心,方得始终。

　　这告诉我们:有了目标方向之后,便朝着那儿去持之以恒地艰苦奋斗,不放弃,不服输,哪怕有天大的困难、痛苦的折磨,也要坚持到底,绝不半途而废。

　　第三境界:众里寻他千百度。蓦然回首,那人却在,灯火阑珊处——豁然开朗,目标达成。此句出自南宋辛弃疾《青玉案·元夕》。

原词如下:

　　　　　东风夜放花千树。
　　　　　更吹落、星如雨。
　　　　　宝马雕车香满路。
　　　　　凤箫声动,玉壶光转,
　　　　　　一夜鱼龙舞。
　　　　　蛾儿雪柳黄金缕。
　　　　　笑语盈盈暗香去。
　　　　　众里寻他千百度。
　　　　　　蓦然回首,
　　　　　那人却在,灯火阑珊处。

　　此词写与伊人相会之欢悦心境,于灯火明灭闪烁之处,终于见到意中之人,自是大喜过望。意喻经过艰辛探索，终有所悟，犹如醍醐灌顶，豁然开朗。

这告诉我们：只要朝着既定的目标持之以恒地努力奋斗了，自然会有所收获，有所得到。你可能没有发现，但当你放平心态，不那么在意了，它也许自然就会出现在你的面前。

下定决心追求的，在经历足够多的奋斗，持之以恒努力之后，量变已悄然转化为质变，放平心态，不经意间就已经追求到了。多数时候，我们其实不必那么看中结果，只要我们把过程一步一步做到位，保证质量，那么结果也许就会悄然光顾，令我们惊喜万分。

拓展阅读：

表面上看，《人间词话》与中国相袭已久之诗话、词话一类作品之体例、格式，并无显著的差别。实际上，它已初具理论体系，与旧日诗词论著有了很大不同。甚至在以往词论界里，许多人把它奉为圭臬，把它的论点作为词学、美学的根据，影响深远。王国维的《人间词话》是晚清以来最有影响的著作之一。

精彩片段一：

有有我之境，有无我之境。"泪眼问花花不语，乱红飞过秋千去""可堪孤馆闭春寒，杜鹃声里斜阳暮"，有我之境也。"采菊东篱下，悠然见南山""寒波澹澹起，白鸟悠悠下"，无我之境也。有我之境，以我观物，故物皆著我之色彩。无我之境，以物观物，故不知何者为我，何者为物。古人为词，写有我之境者为多。然未始不能写无我之境，此在豪杰之士能自树立耳。

精彩片段二：

自然中之物，互相关系，互相限制。然其写之于文学及美术中也，必遗其关系、限制之处。故虽写实家，亦理想家也。又虽如何虚构之境，其材料必求之于自然，而其构造，亦必从自然之法则。故虽理想家，亦写实家也。

精彩片段三：

四言敝而有楚辞，楚辞敝而有五言，五言敝而有七言，古诗敝而有律绝，律绝敝而有词。盖文体通行既久，染指遂多，自成习套。豪杰之士，亦难于其中自出新意，故遁而作他体，以自解脱。一切文体所以始盛终衰者，皆由于此。故谓文学后不如前，余未敢信。但就一体论，则此说固无以易也。

少年中国说（压缩版）

梁启超

少年中国说（压缩版）

日本人之称我中国也，一则曰老大帝国，再则曰老大帝国，是语也，盖袭译欧西人之言也。呜呼！我中国其果老大矣乎？梁启超曰：恶，是何言，是何言！吾心目中有一少年中国在。

欲言国之老少，请先言人之老少。老年人常思既往，少年人常思将来。惟思既往也故生留恋心，惟思将来也故生希望心；惟留恋也故保守，惟希望也故进取；惟保守也永旧，惟进取也故日新。惟思既往也，事事皆其所已经者，故惟知照例；惟思将来也，事事皆其所未经者，故常敢破格。老年人常多忧虑，少年人常好行乐。惟多忧也故灰心，惟行乐也故盛气；惟灰心也故怯懦，惟盛气也故豪壮；惟怯懦也故苟且，惟豪壮也故冒险。惟苟且也故能灭世界，惟冒险也故能造世界。老年人常厌事，少年人常喜事。惟厌事也，故常觉一切事无可为者；惟好事也，故常觉一切事无不可为者。老年人如夕照，少年人如朝阳。老年人如瘠牛，少年人如乳虎。此老年与少年性格不同之大略也。梁启超曰：人固有之，国亦宜然。

造成今日之老大中国者，则中国老朽之冤业也；制出将来之少年中国者，则中国少年之责任也。彼老朽者何足道？彼与此世界作别之日不远矣，而我少年乃新来而与世界为缘。使举国之少年而果为少年也，则吾中国为未来之国，其进步未可量也。使举国之少年而亦为老大也，则吾中国为过去之国，其澌亡可翘足而待也。故今日之责任，不在他人，而全在我少年。少年智则国智，少年富则国富；少年强则国强，少年独立则国独立；少年自由则国自由，少年进步则国进步；少年胜于欧洲则国胜于欧洲，少年雄于地球则国雄于地球。红日初升，其道大光。河出伏流，一泻汪洋。潜龙腾渊，鳞爪飞扬。乳虎啸谷，百兽震惶。鹰隼试翼，风尘翕张。奇花初胎，矞矞皇皇。干将发硎，有作其芒。天戴其苍，地履其黄。纵有千古，横有八荒。前途似海，来日方长。美哉我少年中国，与天不老！壮哉我中国少年，与国无疆！

作者介绍：

梁启超（1873—1929年），字卓如，号任公，又号饮冰室主人、饮冰子、哀时客、中国之新民、自由斋主人等，清朝光绪年间广东新会人。近代中国启蒙思想家，资产阶级改良主义政治家、教育家，史学家和文学家，戊戌变法运动领袖之一。1890年赴京会试，不中。后投康有为门下，接受康有为的思想学说并由此走上改良维新的道路，人称"康梁"。1895年春，梁启超再次赴京会试，并协助康有为发动在京应试举人联名请愿，是为"公车上书"。1898年，梁启超回京参加变法维新。其间，梁启超表现活跃，他的许多政论借助早期的媒体宣传开始在社会上产生影响。变法失败后，梁启超逃亡日本并大量介绍西方社会政治学说，在当时的知识分子中影响很大。梁启超涉猎广泛，在哲学、文学、史学、经学、法学、伦理学、宗教学等领域，均有建树，一生著述宏富，其《饮冰室合集》凡一百四十八卷，计一千余万字。

《少年中国说》写于1900年，正在戊戌变法后，作者梁启超流亡日本之时。那年是庚子年，当时由于帝国主义的侵略，中国爆发了义和团爱国运动。帝国主义联合起来，组成八国联军，勾结清政府，镇压义和团运动，攻陷了天津和北京等地。当时八国联军制造舆论，污蔑中国是"老大帝国"，是"东亚病夫"，是"一盘散沙"，不能自立，只能由列强共管或瓜分。而中国人中，有一些无知昏庸者，也跟着叫嚷"中国不亡是无天理""任何列强三日内就可以灭亡中国"，散布悲观情绪，民族危机空前严重。戊戌变法失败迫使梁启超逃亡日本，但他并没有就此放弃变法图强的努力，到日本的当年就创办了《清议报》，通过媒介竭力推动维新运动的继续。

为了驳斥帝国主义分子的无耻谰言，也纠正国内一些人自暴自弃、崇洋媚外的奴性心理，唤起人民的爱国热情，在这篇气势磅礴、感情充沛的散文中，作者痛斥了帝国主义污蔑中国为"老大帝国"的谰言，揭露了当时清王朝政治腐败、老朽无能的本质，字里行间，饱含着振兴中华的迫切愿望，洋溢着热爱祖国的激越之情，表现了炎黄子孙强烈的民族自豪感。无论是从内容上，还是从形式上，都堪称梁启超新体散文的代表作。

现代篇

古代文学是现代文学的源头，古文的精湛和优美，激发了现代文学的天才创作和不断超越。现代文学在创作中不断地吸纳古代文学的元素，以现代化的方式再现传统文学的精华。

中国现代文学是在中国社会内部发生历史性变化的条件下，广泛接受外国文学影响而形成的新的文学。它不仅用现代语言表现现代科学民主思想，而且在艺术形式与表现手法上都对传统文学进行了革新，建立了话剧、新诗、现代小说、杂文、散文诗、报告文学等新的文学体裁，在叙述角度、抒情方式、描写手段及结构组成上，都有新的创造，具有现代化的特点，从而与世界文学潮流相一致，成为真正现代意义上的文学。

接下来让我们一起欣赏现代文学的魅力吧！

你是人间的四月天

林徽因

　　我说你是人间的四月天；
　　　笑响点亮了四面风；
　　轻灵在春的光艳中交舞着变。

　　你是四月早天里的云烟，
　　　黄昏吹着风的软，
　　星子在无意中闪，细雨点洒在花前。

　　那轻，那娉婷①，你是，
　　鲜妍②百花的冠冕③你戴着，
　　　你是天真，庄严，
　　　你是夜夜的月圆。

你是人间四月天

雪化后那片鹅黄，你像；

新鲜初放芽的绿，你是；

柔嫩喜悦，水光浮动着你梦期待中白莲。

你是一树一树的花开，

是燕在梁间呢喃①，

你是爱，是暖，

是希望，你是人间的四月天！

作者介绍：

林徽因（1904—1955年），原名徽音，汉族，祖籍福建闽侯（今福建福州）人，出生于浙江杭州。林徽因是清华大学教授，为中国著名的建筑学家、作家，中国第一位女性建筑学家，中国现代文化史上的杰出女性。

民国九年（1920年）随父林长民赴欧洲游历。民国十二年（1923年）参加新月社活动。民国十三年（1924年）留学美国，入宾夕法尼亚大学美术学院，选修建筑系课程，获美术学士学位。后就读于美国耶鲁大学戏剧学院舞台美术系。民国十七年（1928年）与梁思成在加拿大温哥华结婚。民国二十六年（1937年）与梁思成圈阅批注中国营造学社藏本《大唐西域记》(数百处唐代建筑及地名)，发现了唐代建筑——五台山佛光寺。中华人民共和国成立后，林徽因在中华人民共和国国徽设计、人民英雄纪念碑设计和景泰蓝工艺革新等方面做出了贡献，著有《林徽因诗集》《林徽因文集》。1955年4月1日，林徽因与世长辞，享年五十一岁。

注释：

①娉婷：女子容貌姿态娇好的样子。

②鲜妍：光彩美艳的样子。

③冠冕：古代皇冠或官员的帽子。

④呢喃：象声词，形容燕子的叫声。

作品赏析

　　林徽因现存的诗作有五十余首,大抵和《你是人间的四月天》一样富有个性,别具一格。读她的诗和散文甚至小说,丝毫没有距离感,仿佛作者就在对面——她的作品喜欢用"你"字,时刻提醒你注意。读她的作品就像和她谈话,就像置身她的沙龙,林徽因极具逻辑和富有思想的话仿佛就在耳畔。她用词亦非常严谨,为准确表达思想,她在好多作品里使用了英语词汇。同样,为了准确表达思想,她的文章句法多变而欧化。

　　《你是人间的四月天》是林徽因于1934年创作的一首现代诗。此诗首先是写出了"四月天"这一意象,表现出春风轻灵、春光明媚、春色多变等四月天的季候特征;第二节至第四节则分别以四月天中各种不同的具象来比喻生活中的各种画面;最后诗人直抒情意,概言"你"就是"爱",就是"暖",就是"希望"。全诗以诸多意象为喻,书写细腻柔丽的情愫,表现出轻盈优雅之美。同时,其内容与形式完美地结合,中国诗歌传统中的音乐感、绘画感与英国古典商籁体诗歌对韵律的追求完美结合,是一首可以不断吟诵、不断生长出新意的天籁之作。

时间即生命

时间即生命

梁实秋

最令人怵目惊心的一件事,是看着钟表上的秒针一下一下的移动,每移动一下就是表示我们的寿命已经缩短了一部分。再看看墙上挂着的可以一张张撕下的日历,每天撕下一张就是表示我们的寿命又缩短了一天。因为时间即生命。没有人不爱惜他的生命,但很少人珍视他的时间。如果想在有生之年做一点什么事,学一点什么学问,充实自己,帮助别人,使生命成为有意义,不虚此生,那么就不可浪费光阴。这道理人人都懂,可是很少人真能积极不懈的善于利用他的时间。

我自己就是浪费了很多时间的一个人。我不打麻将,我不经常的听戏看电影,几年中难得一次,我不长时间看电视,通常只看半个小时,我也不串门子闲聊天。有人问我:"那么你大部分时间都做了些什么呢?"我痛自反省,我发现,除了职务上的必须及人情上所不能免的活动之外,我的时间大部分都浪费了。我应该集中精力,读我所未读过的书,我应该利用所有时间,写我所要写的东西,但是我没能这样做。我的好多的时间都糊里糊涂的混过去了,"少壮不努力,老大徒伤悲"。例如我翻译莎士比亚,本来计划于课余之暇每年翻译两部,二十年即可完成,但是我用了三十年,主要的原因是懒。翻译之所以完成,主要的是因为活得相当长久,十分惊险。翻译完成之后,虽然仍有工作计划,但体力渐衰,有力不从心之感。假使年轻的时候鞭策自己,如今当有较好或较多的表现。然而悔之晚矣。

再例如，作为一个中国人，经书不可不读。我年过三十才知道读书自修的重要。我披阅，我圈点，但是恒心不足，时作时辍。五十以学易，可以无大过矣，我如今已年过八十，还没有接触过《易经》，说来惭愧。史书也很重要。我出国留学的时候，我阿亲买了一套同文石印的前四史，塞满了我的行箧的一半空间，我在外国混了几年之后又把前四史原封带回来了。直到四十年后才鼓起勇气读了"通鉴"一遍。现在我要读的书太多，深感时间有限。

无论做什么事，健康的身体是基本条件。我在学校读书的时候，有所谓"强迫运动"，我踢破过几双球鞋，打断过几只球拍。因此侥幸维持下来最低限度的体力。老来打过几年太极拳，目前则以散步活动筋骨而已。寄语年轻朋友，千万要持之以恒的从事运动，这不是嬉戏，不是浪费时间。健康的身体是作人做事的真正的本钱。

作者介绍：

梁实秋，原名治华，字实秋，1903年1月6日出生于北京，浙江杭县（今杭州）人。笔名子佳、秋郎、程淑等。中国著名的散文家、学者、文学批评家、翻译家，国内第一个研究莎士比亚的权威，曾与鲁迅等左翼作家笔战不断。一生给中国文坛留下了两千多万字的著作，其散文集创造了中国现代散文著作出版的最高纪录。代表作有《莎士比亚全集》（译作）等。

《时间即生命》这篇散文写于作者的晚年，文中没有引经据典，也没有高谈阔论，只是通过自己切身的感受来使人们认识到时间的重要性，文章如话家常，娓娓道来，读来令人倍感亲切，更有一种震撼人心的力量。大美不言，大言不玄，洞穿了半个多世纪的梁先生所发出的"时间即生命"的感慨，当是一面警钟，时时在我们耳边敲响。

我爱这土地

艾青

我爱这土地

假如我是一只鸟，
我也应该用嘶哑的喉咙歌唱：
这被暴风雨所打击着的土地，
这永远汹涌着我们的悲愤的河流，
这无止息地吹刮着的激怒的风，
和那来自林间的无比温柔的黎明……
——然后我死了，
连羽毛也腐烂在土地里面。
为什么我的眼里常含泪水？
因为我对这土地爱得深沉……

作者介绍：

艾青（1910—1996年），本名蒋海澄（原名蒋正涵，字养源，号海澄）。曾用笔名莪加、克阿、林壁等。出生于浙江金华，现代文学家、诗人、画家。1928年中学毕业后考入国立杭州西湖艺术院。1934年5月发表长诗《大堰河——我的保姆》。1932年在上海加入中国左翼美术家联盟，从事革命文艺活动。1935年，艾青出版了第一本诗集《大堰河》。曾赴黑龙江、新疆生活和劳动，创作中断了二十余年。1985年获法国文学艺术最高勋章。艾青被认为是中国现代诗的代表诗人之一，代表作有《大堰河——我的保姆》《黎明的通知》《归来的歌》等。

作品赏析

这首诗以"假如"开头，这个头开得突兀、新奇，有凝神沉思之感。诗中的"鸟"是泛指，是共名，它不像历代诗人所反复咏唱的杜鹃、鹧鸪那样，稍一点染，即具有一种天然的特殊的情味和意蕴，而是全靠作者在无所依傍的情况下做出新的艺术追求。再则，诗中特地亮出"嘶哑的喉咙"，也和古典诗词中栖枝的黄莺、啼血的杜鹃、冲天的白鹭等大异其趣，它纯粹是抗战初期悲壮的时代氛围对于作者的影响所致，同时也是这位"悲哀的诗人"（作者自称）所具有的特殊气质和个性的深情流露。

诗的首句集中展现了作者对土地的一片赤诚之爱。在个体生命的短暂、渺小与大地生命的博大、永恒之间，作者为了表达自己对土地最真挚、深沉的爱，把自己想象成"一只鸟"，永远不知疲倦地围绕着祖国大地飞翔。全诗表现出一种"忧郁"的感情特色，这种"忧郁"是对灾难深重的祖国爱得深沉的内在感情的自然流露，它源自民族的苦难，因而格外动人。这里有深刻的忧患意识，有博大的历史襟怀，有浓烈的爱国真情。这种忧郁表现在两点：其一，强烈的抒情色彩。这首诗可以说是作者的自白。作者采用了"直接"的抒情方式，来表达自己对土地的感情。它像"誓词"一样严肃，又像"血"一样庄严，十分强烈，震撼人心。诗人用了四行象征性的诗句，来概括"我"的使命。这四句诗并没有具体所指，但它们以更形象、更广泛的泛指性，扩大加深了这使命的内涵。作者所深深爱着的这土地，正在经历着一场历史的大搏斗，大变革。人民在奋起，民族在觉醒，"无比温柔的黎明"已经可望了……作者作为一只鸟，就要为这一伟大的时代歌唱。其二，写实和象征交织。作者用写实和象征的手法，描绘了一组鲜明的诗歌意象，分别赋予"大地""河流""风""黎明"等意象不同的象征和暗示意味。但作者对祖国的"黎明"也抱有乐观的信念，进行了美妙的抒写。

这首诗在抒情上不断地强化自己的感情，以便久久地拨动心弦。此诗偏以"假如"开头,这是第一层强化。谁不知道鸟声优美清脆,此诗偏以"嘶哑"相形容,这是第二层强化。光有这两层强化还不够,于是诗中接连出现了所歌唱的对象:土地、河流、风、黎明。特别值得注意的是,作者在描写这些对象时达到了穷形尽相、淋漓酣畅的地步,充分体现了这位自由体诗人的艺术特色。写诗多半是忌用或少用"的"字的,因为"的"字一多,拖泥带水,冲淡了诗味。作者艾青则不然,他敢于用由一系列"的"字组成的长句来抒发缠绵而深沉的感情,喜欢在所描写的对象前面加上大量的形容词和修饰语,以展现对象的神采风貌,形成一种特殊的立体感和雕塑感,这是作者艾青的自由诗创作不同于其他自由诗作者的一个重要特色。《我爱这土地》这首诗也不例外,且看诗人在"土地""河流""风""黎明"这样的中心词语前面特意加上的"悲愤的""激烈的""温柔的"等许多修饰语,就可窥见其中的奥秘了。以上所说的这些描摹土地、河流等景观的长句,可说是第三层强化。正当为作者不断的歌唱——顽强的生命力所折服所吸引时,诗篇却陡然来了一个大的转折,一个破折号之后突出"我死了",让身躯肥沃土地。于是,生前和死后,形成了强烈的对比,而在这强烈的对比和反差中一以贯之的乃是"鸟"对土地的执着的爱,这便是生于斯、歌于斯、葬于斯,念兹在兹,至死不渝。

断　章

卞之琳

断章

你站在桥上看风景，
看风景人在楼上看你。
明月装饰了你的窗子，
你装饰了别人的梦。

作者介绍：

卞之琳（1910—2000年），祖籍江苏溧水，曾用笔名季陵，文学评论家、翻译家。1929年就读于北京大学英文系，1930年开始写诗。1936年与李广田、何其芳一起出版诗合集《汉园集》，被誉为"汉园三诗人"。抗战期间在各地任教，为中国的文化教育事业做了很大贡献。主要诗集还有《三秋草》《鱼目集》《十年诗草》等。其诗想象微妙，笔墨省简，较晦涩难懂。抗战爆发后，诗风变得开阔、明朗。卞之琳被公认为新文化运动中重要的诗歌流派新月派的代表诗人。

作品赏析

《断章》全诗只有四句共三十四字，但其涵蕴的人生哲理却相当丰富，为人们的欣赏提供了诸多可能性。

诗的前两句撷取的是一幅白日游人观景的画面。它虽然写的是"看风景"，但笔墨并没有挥洒在对风景的描绘上，只是不经意地露出那桥、那楼、那观景人，以及由此可以推想得出的那流水、那游船、那岸柳……它就像淡淡的水墨画把那若隐若现的虚化的背景留待想象，而把画面的重心落在了看风景的桥上人和楼上人的身上，更确切地说，是落在了这两个看风景人在观景时相互之间所发生的那种极有意趣的戏剧性关系上。

那个"站在桥上看风景"的"你"，面对着眼前的美景，显然是一副心醉神迷之态，这从他竟没有注意到"看风景的人在楼上看你"的侧面烘托上就可看出。耐人寻味的是，那个显然也是为"看风景"而来的楼上人，登临高楼，眼里所看的竟不是风景，而是那个正"站在桥上看风景"的"你"。这楼上人为何不看风景专看"你"，是什么深深迷住了那双眼，是什么深深打动了那颗心，不得而知。这耐思耐品的一"看"，可谓是风流蕴藉，它使那原本恬然怡然的画面顿时春情荡漾、摇曳生姿，幻化出几多饶有情趣的戏剧性场面来。那忘情于景的"你"定是个俊逸潇洒、云游天下的少年郎，那钟情于人的楼上人定是个寂寞思春、知音难觅的多情女。一个耽于风光、憨态可掬，殊不知一举一动搅乱了几多情丝；一个含情脉脉、痴态可怜，可心中情、眼中意不为人知。真是"落花有意，流水无情"，而在人生旅途上又有多少这样的萍水相逢、一见钟情、转瞬即逝而又经久难忘的一厢恋情？而诗人正是在这短短的两行诗中给那电石火花般的难言之情、难绘之景留下了永恒的写照，引人回忆，惹人遐想。

月朦胧，鸟朦胧，帘卷海棠红

朱自清

月朦胧，鸟朦胧，帘卷海棠红

　　这是一张尺多宽的小小的横幅，马孟容君画的。上方的左角，斜着一卷绿色的帘子，稀疏而长；当纸的直处三分之一，横处三分之二。帘子中央，着一黄色的，茶壶嘴似的钩儿枣就是所谓软金钩么？"钩弯"垂着双穗，石青色；丝缕微乱，若小曳于清风中。纸右一圆月，淡淡的青光遍满纸上；月的纯净，柔软与平和，如一张睡美人的脸。从帘的上端向右斜伸而下，是一枝交缠的海棠花。花叶扶疏，上下错落着，共有五丛；或散或密，都玲珑有致。叶嫩绿色，仿佛掐得出水似的；在月光中掩映着，微微有浅深之别。花正盛开，红艳欲流；黄色的雄蕊历历的，闪闪的。衬托在丛绿之间，格外觉着妖娆了。枝欹斜而腾挪，如少女的一只臂膊。枝上歇着一对黑色的八哥，背着月光，向着帘里。一只歇得高些，小小的眼儿半睁半闭的，似乎在入梦之前，还有所留恋似的。那低些的一只别过脸来对着这一只，已缩着颈儿睡了。帘下是空空的，不着一些痕迹。

　　试想在圆月朦胧之夜，海棠是这样的妩媚而嫣润；枝头的好鸟为什么却双栖而各梦呢？在这夜深人静的当儿，那高踞着的一只八哥儿，又为何尽撑着眼皮儿不肯睡去呢？他到底等什么来着？舍不得那淡淡的月儿么？舍不得那疏疏的帘儿么？不，不，不，您得到帘下去找，您得向帘中去找，您该找着那卷帘人了？他的情韵风怀，原是这样这样的哟！朦胧的岂独月呢；岂独鸟呢？但是，咫尺天涯，教我如何耐得？我拼着千呼万唤：你能够出来么？

这页画布局那样经济，设色那样柔活，故精彩足以动人。虽是区区尺幅，而情韵之厚，已足沦肌浃髓而有余。我看了这画，瞿然而惊；留恋之怀，不能自已。故将所感受的印象细细写出，以志这一段因缘。但我于中西的画都是门外汉，所说的话不免为内行所笑。——那也只好由他了。

作者介绍：

朱自清（1898—1948年），原名自华，号秋实，后改名自清，字佩弦。中国近代散文家、诗人、学者、民主战士。原籍浙江绍兴，出生于江苏省东海县（今连云港市东海县平明镇），后随祖父、父亲定居扬州，自称"我是扬州人"。1916年中学毕业并成功考入北京大学预科。1919年开始发表诗歌。1928年第一本散文集《背影》出版。1932年7月，任清华大学中国文学系主任。1934年，出版《欧游杂记》和《伦敦杂记》。1935年，出版散文集《你我》。1948年8月12日因胃穿孔病逝于北平，年仅五十岁。

作品赏析

这篇文章开篇一段是状景。对马容君的画做了一番"工笔细描"式的描绘，使之活灵活现地再现于作者细致而淡雅的文字里。笔法空灵潇洒，状景层次分明。将图画中各部分的景物如"帘子""软金钩""圆月""海棠花""八哥"，按视觉线索进行铺叙，细致而妥帖，生动而灵活，丝毫没有铺叙中惯见的短板。犹如"娇女步春，独行芳径，旁去扶持，一步一态，一态一变"。譬如其对海棠花枝的描写，"枝欹斜而腾挪，如少女的一只臂膊"，设喻恰切而优美，把海棠花枝的姿态，色泽写得惟妙惟肖。对画中各部分景物这样传神的描摹，使此画的色、态、情、韵表现得极为到位，一气呵成，自然浑成而不露匠气。

接着宕开一笔，由状景转为抒情，作者以清淡的笔触，亲切的语调将由观画引发的那种细腻深婉的情思娓娓道来。作者将画作中的景物拟人化，赋予其与自己一般的"情韵风怀"。于是这些景物变得"嫣润"而"朦胧"。在他的笔下，画中海棠的枝上高踞的一只八哥也儿是多情的，"它为何尽睁着眼皮不肯睡去呢？他到底等什么来着？舍不得那淡淡的月儿么？舍不得那疏疏的帘儿么？"作者又仿佛融入了画中，尽展其瑰丽的想象，在原本画中景物上添上一笔，出现了一个引人遐思的"卷帘人",景美不如人美。绝妙的构思,加上这朦胧幽渺的意境,使我们不由自主地在他营造的画境中流连忘返。

在工巧而流利的景物描写、细腻而婉曲的抒情之后,是一段简约的结语:"……我于中西画都是门外汉,所说的话不免为内行所笑。——那也只好由着他了。"看似简洁的结语,却透着一种雍容,随意。仿佛是狂风暴雨后的云淡风轻,使文章平添一种名士的风流气质。这篇散文风格疏隽、典雅,渗着旧文学的汁水,却清新明快,毫无晦涩之感,对于白话文的使用可以说是炉火纯青。朱自清的散文无论是写作技巧,还是气韵风神,作为现代散文的典范都是当之无愧的。

乡 愁

余光中

乡愁

小时候，
乡愁是一枚小小的邮票，
我在这头，
母亲在那头。

长大后，
乡愁是一张窄窄的船票，
我在这头，
新娘在那头。

后来啊，
乡愁是一方矮矮的坟墓，
我在外头，
母亲在里头。

而现在，
乡愁是一湾浅浅的海峡，

我在这头,

大陆在那头。

作者介绍：

余光中（1928—2017年），当代著名作家、诗人、学者、翻译家，出生于南京，祖籍福建永春。因母亲原籍为江苏武进，故也自称"江南人"。

1952年毕业于台湾大学外文系。1959年获美国艾奥瓦大学艺术硕士。先后任教台湾东吴大学、台湾师范大学、台湾大学、台湾政治大学。其间两度应美国国务院邀请，赴美国多家大学任客座教授。1972年任台湾政治大学西语系教授兼主任。1974年至1985年任香港中文大学中文系教授。1985年，任台湾中山大学教授及讲座教授，其中有六年时间兼任文学院院长及外文研究所所长。

余光中一生从事诗歌、散文、评论、翻译，自称为自己写作的"四度空间"。驰骋文坛逾半个世纪，涉猎广泛，被誉为"艺术上的多妻主义者"。其文学生涯悠远、辽阔、深沉，为当代诗坛健将、散文重镇、著名批评家、优秀翻译家。出版诗集二十一种、散文集十一种、评论集五种、翻译集十三种，共四十余种。代表作有《白玉苦瓜》（诗集）、《记忆像铁轨一样长》（散文集）及《分水岭上：余光中评论文集》（评论集）等。

作品赏析

《乡愁》是余光中于1972年创作的一首现代诗歌。诗中通过"小时候""长大后""后来啊""而现在"这几个时序语贯串全诗，借邮票、船票、坟墓、海峡这些实物，把抽象的乡愁具体化，概括了诗人漫长的生活历程和对祖国的绵绵怀念，流露出诗人深沉的爱国思乡情感。

《乡愁》对一个抽象的、很难做出描绘却被大量描绘所覆盖的主题做出了新的诠释。全诗语言浅白真率，以简代繁，情感深切，"小小""窄窄""矮矮""浅浅"等叠音的形容词，用来修饰中心意象，增强了语言的生动性。《乡愁》不仅有着结构和韵律上的艺术之美，更因其对故乡恋恋不舍的情怀和对中华民族早日统一的期待而有着情感之美，具有深厚的历史感与民族感。

走向远方

汪国真

走向远方

是男儿总要走向远方，
走向远方是为了让生命更辉煌。
走在崎岖不平的路上，
年轻的眼眸里装着梦更装着思想。
不论是孤独地走着还是结伴同行，
让每一个脚印都坚实而有力量。
我们学着承受痛苦。
学着把眼泪像珍珠一样收藏，
把眼泪都贮存在成功的那一天流，
那一天，
哪怕流它个大海汪洋。
我们学着对待误解。
学着把生活的苦酒，
当成饮料一样慢慢品尝，
不论生命经过多少委屈和艰辛，

　　　　我们总是以一个朝气蓬勃的面孔，

　　　　　　醒来在每一个早上。

　　　　　　我们学着对待流言。

　　　　学着从容而冷静地面对世事沧桑，

　　　　　　"猝然临之而不惊，

　　　　　　无故加之而不怒"，

　　　　　　这便是我们的大勇，

　　　　　　　我们的修养。

　　　　　　我们学着只争朝夕。

　　　　　　　人生苦短，

　　　　　　　道路漫长，

　　　　我们走向并珍爱每一处风光。

　　　　　　我们不停地走着，

　　　不停地走着的我们也成了一处风光。

　　　　　　　走向远方，

　　　　　　从少年到青年，

　　　　　　从青年到老年，

　　　　我们从星星走成了夕阳。

作者介绍：

汪国真（1956—2015年），当代诗人、书画家。

1982年毕业于暨南大学中文系。1984年发表第一首比较有影响的诗《我微笑着走向生活》。1985年起将业余时间集中于诗歌创作，其间一首打油诗《学校一天》刊登在《中国青年报》上。1990年开始，汪国真担任《辽宁青年》《中国青年》《女友》的专栏撰稿人，掀起一股"汪国真热"。

　　《走向远方》是一首寓意深刻、哲理深透的诗歌。给我们的启迪是深远的,它激励着人们奋发有为,不甘于平庸,不甘于永远的沉寂。人生苦短,想奋斗就尽管往想去的地方去,既然目标是地平线,就把寒风苦雨抛在身后,人生,就应该这样去追求。